怎麼說，青少年會聽 VS. 如何聽，青少年願意說

八堂青春期溝通課，讓孩子敞開心胸、樂意合作、接受指引的對話技巧

安戴爾・法伯(Adele Faber)與伊蓮・馬茲麗許(Elaine Mazlish)◎著
金伯利・安・科埃◎插畫

陳莉淋◎譯

身為父母，我們想要被需要；

身為青少年，他們的需求是不需要我們。

矛盾是如此真實；當我們幫助我們所愛的孩子獨立時，

每天都會經歷到這件事實。

——海姆．吉諾特博士

出自《Between Parent and Teenager》

（THE MACMILLAN COMPANY, 1969）

目錄 | CONTENTS

推薦序／想回到與孩子無話不說的時光嗎？我想！

歐陽立中／Super 教師、暢銷作家

我曾在家長日做了一個活動，叫做「給父母的大考」。家長們會拿到一份考卷，共有二十題填充題，題目都跟他的孩子有關。像是：「我參加的社團是？」、「我最要好的朋友是？」、「我最喜歡聽的音樂是？」這個活動目的很簡單，就是要讓家長檢視自己，是不是真的了解孩子。

不過，考卷答案從哪裡來呢？當然是孩子們那裡。所以，在家長日前，我先發下這份考卷，請孩子們寫下他們的答案。

可我沒想到，當我一發下去時，就有孩子問：「這份考卷是要給我爸媽寫的對吧！」我點了點頭。「什麼！那我不要寫了！」開始有孩子起鬨，我很訝異，從什麼時候開始，孩子竟然不希望父母了解自己。

其中，包含一個叫玲玲的女孩，在我心目中她乖巧懂事。但在這次活動中，她卻怎麼樣都不願意寫，她說因為她媽媽根本不在乎她的表現，只在乎她的成績。偏偏她什麼都好，就是成績不好。

當時的我有些不知所措。如果那時我讀了《怎麼說，青少年會聽 vs. 如何聽，青少年願意說》這本書，也許我就可以化解橫亙在玲玲與母親間的那座冰山。

首先，《怎麼說，青少年會聽 vs. 如何聽，青少年願意說》跳脫以往的親子溝通書寫法，不談深奧的理論，而是以「親子溝通工作坊」的形式，如實記錄八堂親子溝通課：安戴爾是如何帶領家長與孩子，一步步地從對立走向傾聽、尊重，進而合作。表面上，你是在讀一本書；但實際上，你像是身歷其境地上完八堂親子溝通課。

其次，這本書的編排脈絡分明。每章節安戴爾都會先「問題引導」，帶出要解決的親子溝通問題；接著是「漫畫對比」，透過情境漫畫，呈現出無效溝通與有效溝通的差別；再來是「故事分享」，家長們學會新的溝通方法，回去實際運用後，分享親子溝通故事。最後是「快速提醒」，安戴爾貼心整理出這章談到的溝通技巧，幫助你快速回顧。

最後，這本書非常精準戳破我們過去的管教盲點。比方在談「處理感受」這一章時，安戴爾這麼說：「我們無法忍受看到他們不開心，所以最好的介入方式，就是輕視他們的感覺、強加我們的邏輯，希望讓他們知道正確的感受是什麼。」看到這一句，我直接被敲醒。對，我們常跳過孩子們的感受，急著跟他們講道理。可是當孩子的情緒水位高漲，我們說什麼都只是引起爭執。另外，關於「該不該處罰孩子」，安戴爾的一句話再度扭轉了我，她說：「處罰的問題在於讓孩子忽略自己的錯誤行為，反而只注意到他的父母多麼不可理喻。」我們的本意是要讓孩子記住犯錯的後果，以後不要再犯。沒想到從孩子的角度而言，重點不在改正，而在於如何做壞事不被抓到。

筆走至此，我的女兒跑了進來，一直喊著「爸爸！爸爸！」對啊！每個孩子都曾經黏著父母，無話不說；我們也曾經笑擁孩子入懷，掏心掏肺。青春期不該成為我們和孩子之間的鴻溝，而是我們尊重彼此、攜手合作的開始。

如何正確閱讀及使用這本書

以「指導讀者如何讀一本書」來表達，似乎有點冒昧（特別是我們及讀者群有些人習慣從一本書的中間開始讀或甚至倒著讀的時候）。但既然我們是這本書的作者，我們希望告訴各位讀者如何正確使用這本書。當你覺得想要快速瀏覽翻閱或撇一眼書中的插圖時，請從第一章開始閱讀。請確實一步一步的跟著書中練習，甩開想要快速翻閱找出小撇步的誘惑。如果朋友中有適合一起進行練習的人選，這是最好的了。我們希望你們可以充分的討論和辯論彼此的答案。

同時，我們也希望你們可以把答案直接寫在書上，這樣一來這本書就可以變成您的個人紀錄。不管是字跡寫得整齊乾淨或凌亂難讀，途中改變心意進而劃掉重寫，都請您寫下答案。

請緩慢仔細的閱讀這本書。我們花了超過十年的時間才學會書中的那些想法。我們並不建議讀者花費很長的時間來閱讀這本書，但是如果你認為這本書中的想法是有用的，你或許會想立刻實踐並做些改變，一次改變一點，實踐起來比一次全改容易。當你讀完了一個章節，在繼續下一個章節之前，先把書闔上擺在旁邊，並且給自己一個星期的時間去完成書中的練習。（你可能正在想：「我什麼都可以做，就是不想要做習題！」然而，經驗告訴我們：把書中技巧轉為實際行動的練習以及記錄結果可以將學習到的結果植入你的腦中。）

最後，你可能會想，為什麼這本由兩個人撰寫的書，某些內容卻是由單人角度來訴說故事。這是我們用來解決需要不斷辨別由誰在述說本身經驗的麻煩。我們認為讀者似乎比較容易理解「我」，而不是「我，安戴爾．法伯……」或「我，依蓮．馬茲麗許……」如同這本書中強調的信念與價值，我們提倡一致與和諧。我們都曾經看過這些溝通方法確實作用於我們自己的家庭和其它上千名使用者，現在，我們很榮幸可以與你分享這本書。

這本書為什麼誕生

其實需求一直都存在，只是有很長一段時間我們並沒有發現。然後類似這樣的信件開始到來：

親愛的安戴爾與伊蓮：

救命！當我的孩子們還小時，《怎麼說，孩子會聽 vs. 如何聽，孩子願意說》一書是我的聖經。但是他們現在已經十一和十四歲了，而我發現自己正面臨一系列全新的問題。你們有想過撰寫一本書給家有青少年的家長嗎？

之後是一通電話：

「我們市民協會正在安排年度家庭日會議，希望你們願意做一場關於如何與青少年相處的主題演講。」

我們猶豫了。畢竟我們之前從來沒有提出一個完全聚焦在青少年身上的教案。然而，這個想法引起了我們的興趣，為什麼不呢？我們可以提供一個綜述，關於有效溝通的基本原則，只是這次我們將以青少年為範例，並且透過與另一人的角色扮演來示範這些技巧。

要呈現新的教材總是一項挑戰。你永遠無法確定聽眾們能否產生共鳴。但是他們確實聽得非常投入且反應熱烈。在Q&A時間，他們詢問我們對於每件事的看法，從門禁、組小團體到頂嘴與禁足。演講結束後，我們被一小群父母圍繞，他們希望與我們私下討論。

「我是一位單親媽媽，我十三歲的兒子最近開始和一些學校裡最壞的孩子混在一起。他們除了吸毒外，誰知道還會做出什麼事。我不斷告訴他遠離他們，但是他不聽。我感覺自己正在打一場一定會輸的戰爭。我該怎麼跟他溝通呢？」

「我很心煩。我看見一封我十一歲女兒的電子郵件，來自一位她班上的男孩，內容是：『我想和你做愛。我想把我的小雞雞放到你的妹妹裡面。』我不知道該怎麼辦。我應該打電話給那個男生的父母嗎？我應該通知學校嗎？我應該跟她說什麼？」

「我剛發現十二歲的孩子會吸菸。我該怎麼與她對質？」

「我嚇死了。我正在清理兒子的房間，然後發現他寫了一首關於自殺的詩。他在學校表現良好，他有朋友，他似乎沒有不開心。但是可能有些事我沒發現。我應該讓他知道我看見他寫的詩嗎？」

「我女兒最近花了很多時間在網路上和一位十六歲的男孩聊天。雖然他說他十六歲，但是誰知道呢？現在他想要和她見面。我認為我應該要跟著去。你們覺得如何呢？」

開車回家的路上，我們一直在討論：這些父母正在面臨什麼?!……我們現處在一個跟以前完全不同的世界！……但是時代真的有改變這麼多嗎？難道我們和同年代的朋友，在孩子經歷他們的青春期階段時沒有擔心過性、毒品、同儕壓力，還有自殺嗎？但是不知道為什麼，我們今日所聽到的似乎更糟、更可怕，甚至還有更多需要擔心的，而且問題開始得比較早。可能是因為青春期比以前更早開始。

幾天後，我們接到另一通電話，這次是來自一位學校校長：

「我們目前正在對國中和高中的一群學生進行一項實驗計畫。我們給參與計畫的家長每人一本《怎麼說，孩子會聽 vs. 如何聽，孩子願意說》。由於你們的書帶給家長很大的幫助，所以不知道你們是否願意與這些家長見面，並且舉辦幾場工作坊呢？」

我們告訴校長我們會仔細想想再回覆她。

之後幾天我們各別回憶曾經最了解的青少年——我們自己。我們先回想往日時光，然後召喚出封鎖在記憶深處，當我們還是青少年的回憶——那些黑暗時光、值得慶幸的、還有屏息不安的時刻。慢慢重新回到過去的情感記憶，經歷相同的焦慮。我們再次沉思是什麼讓這個生命階段如此的困難。

以前我們不是沒有被警告過。從孩子出生的那刻起，就會聽到：「趁機享受他們還小的時候」、「小孩子，小問題；大孩子，大問題。」……我們不斷被告知有一天這個甜蜜的孩子將轉變成一個乖戾的陌生人，他會批評我們的品味、挑戰我們的規則並且拒絕我們的價值觀。

因此即便我們對孩子行為改變有了一點準備，但是卻沒有人幫我們準備好面對失落的情感。

喪失了舊有的親密關係。（這個住在我家、充滿敵意的人是誰？）

喪失信心。（為什麼他這樣表現？因為我做了什麼……還是沒做什麼嗎？）

喪失被需要的滿足感。（「不，你不用來。我的朋友會陪我一起去。」）

喪失自己是全能的保護者，可以防止孩子受到傷害的感覺。（已經過午夜了，她人在哪裡？在做什麼？為什麼還沒有回家？）

比失落感更大的是我們的恐懼。（我們該如何引導孩子度過這段困難的時期？我們自己該如何度過呢？）

早一世代的人都感覺如此，今日的父母將會有何種感受呢？處在一個比以往任何時候養育孩子都更尖銳、無禮、粗暴、物質化、充滿更多性暗示和暴力的文化，今日的父母又怎麼可能不會感到不知所措，不被逼到他們的極限呢？

因此不難明白為什麼有些家長會以強硬的態度去回應——訂定規則、處罰任何過失，然而卻沒什麼用，只能短暫的約束他們的青少年。我們也可以了解為什麼有些人會直接放棄，為什麼寧可兩手一攤，裝作沒看到，內心卻期望有最好的結果。然而這兩種方法——「照我說的話做」或「隨便你，做你想做的事」都切斷了溝通的可能性。

有哪個年輕人會對嚴苛的父母敞開心胸？又有誰會向縱容的父母尋求指引？然而，我們的青少年過得好不好——有時則是安不安全——有賴父母的想法與價值觀。青少年需要能夠與一位不帶評斷去聆聽並幫助他們做負責任決定的成人，說出自己的疑惑、吐露自己的恐懼和探索可行的選擇。

除了媽媽和／或爸爸之外，有誰會每天陪在他們身邊度過如此重要的那幾年，幫助他們抵抗媒體上出現的引誘訊息？有誰會幫助他們抗拒來自同儕的壓力？有誰會幫助他們對付青少年時期結黨的問題、想被接受的渴望、怕被拒絕的恐懼、興奮與混亂？有誰會幫助他們從掙扎中推向順從並展現真正的自我？

我們知道與青少年一起生活可能就是一團糟，我們也記得在那幾年混亂的歲月，靠著學來的技巧當作浮木，讓我們航行於波濤洶湧的大海不至於沉淪。

現在是時候將曾經對我們有意義的技巧傳遞出去，同時學習何者才是新世代覺得有意義的對應方法。

於是，我們回電給校長並且安排了我們與青少年父母的第一個工作坊。

作者筆記

這本書是根據我們在各地舉辦的多場工作坊以及我們在紐約和長島遇見的父母與青少年回饋所寫出。為了盡可能簡單地述說我們的故事，我們將多場團隊故事濃縮成一，並將兩位作者擬為團體唯一領導者。雖然更改了姓名並重新安排了經歷過程，但是仍然忠於必要的事實。

——安戴爾・法伯與伊蓮・馬茲麗許

第一步
處理感受

我不知道會發生什麼事。當我從停車場跑向學校入口時，我緊握著雨傘，納悶真的會有人在如此淒冷的夜裡離開溫暖的家，前來參加與青少年有關的工作坊嗎？

輔導處的主任在門口歡迎我，然後引領我走進一間約有二十位家長的教室。

我先自我介紹，恭喜他們戰勝了壞天氣，然後將名牌發給每個人填寫。當家長寫著姓名並與其他人聊天時，我稍微觀察了這群家長。這個群體很多樣——男、女性人數幾乎一樣多，有不同的種族背景，有些是配偶共同前來，有些是獨自前來，有些穿著正式，有些則穿著牛仔褲。

當大家似乎都就緒，我便請他們介紹自己並簡短介紹一下他們的孩子。

父母毫無猶豫一個接著一個描述自己年齡介於十二到十六歲的孩子。幾乎每位家長都談到在現今的世界養育青少年很困難。但是我感覺大家似乎有所防備和保留，以確保自己沒有太快透露過多資訊給整間教室的陌生人知道。

我說：「在我們繼續進行前，我想向你們保證我們在這裡討論的所有事情都會保密。在這間教室中所說的事情將會留在這裡。誰的孩子會抽菸、飲酒、逃學或過早有性經驗都不關其他人的事。大家一致同意這個原則嗎？」

每個人都點頭表示贊成。

我接著說：「我把身為父母當成是一次刺激的冒險。我的工作是提供溝通的方法，使家長與青少年之間的關係更令人滿意。你們的工作則是測試這些方法——實際在家裡執行，並向我們這個團體回報成果。什麼方法有幫助、什麼沒幫助？哪些方法有用或沒用？透過合作，我們將找出能幫助我們的孩子度過從兒童期轉變成人期這段困難時光的最有效方法。」

我在這邊停頓，等待大家的反應。一位父親抗議：「為什麼青春期一定是一段『困難的轉變期』？我不記得當我是青少年時有過這麼困難的時光，我也不記得自己有讓父母難過。」

他的太太微笑著輕拍他的手臂說：「那是因為你很隨和。」

另一位男性接著說：「沒錯，或許當我們是青少年時當個隨和的人比較容易。有些今天發生的事情在我們那時候連聽都沒聽過。」

我回應：「假設我們都回到過去，我想我們可以從自己的青少年時期學到某些事情，可能可以幫助我們對於孩子所經歷的事情有更深刻的理解。讓我們試著回憶那段時光中什麼是我們生命裡最棒的事情。」

麥克，那位曾經是個「隨和孩子」的男性首先發言。「對我而言最棒的事情是運動和與朋友一起玩樂。」

接著另一人說：「對我而言是可以自由行動。自己搭地鐵進入城市，搭公車到海灘。實在非常有趣！」

其他人插話：「可以穿高跟鞋和化妝，還有開始對男孩感興趣。我和我的女性朋友們會迷戀上同一個人，然後我們會問彼此：『你覺得他喜歡我還是喜歡你？』」

「那時候的生活好簡單。我可以在週末時睡到中午。不用擔心找工作、付房租、負擔一個家庭。而且不用擔心明天，我知道我總是可以依賴我的父母。」

「對我而言那是探索自己是誰並嘗試不同身份的時期，同時夢想未來。我能夠自由幻想，但是我也擁有家庭給我的安全感。」

一位女性搖了搖頭不表贊同的說：「對我來說，最好的部分就是脫離青春期。」

我看了她的名牌並說：「凱倫，聽起來那不是你生命中最好的時光。」

她回答：「其實青春期的結束是個解脫。」

有人問：「從什麼東西解脫？」

凱倫聳了聳肩，接著回答：「從擔心自己是否被接受……還有努力嘗試……努力表現開朗，這樣大家才會喜歡我……但卻從來沒有感覺自己真的融入……總是認為自己是個局外人的感覺中解脫。」

其他人很快以她的主題為基礎，包括剛剛只回憶起自己光輝青少年時光的家長：「我有同感。我記得那時候感覺很矬、沒安全感。我那時期過胖，很討厭自己的模樣。」

「我剛提到對男孩子有興趣，但其實那更像是一種執念——愛上男生、與男生談分手、因為他們而失去朋友。我那時候滿腦子都在想男生，從我的成績上就看得出來，害我差點畢不了業。」

「我在那時候的問題很多是別人給我壓力，讓我去做我知道是錯的或危險的事。所以我做過很多愚蠢的事。」

「我記得自己總是感到困惑。我是誰？我喜歡什麼、不喜歡什麼？我是真的這樣還是只是個模仿者？我可以做自己但仍然被大家接受嗎？」

我喜歡這個團體，很感謝他們的誠實以對。我問：「那麼在那段像是坐雲霄飛車的期間，你們的父母有說過或做過什麼事對你有所幫助的嗎？」

大家開始在記憶中尋找。

「我的父母從未在我的朋友面前責備我。如果我做錯了什麼，像是真的太晚回家，而我的朋友在我身邊時，我的父母會等到他們離開才罵我。」

「我的父親常會跟我說些話，像是：『吉姆，你必須捍衛自己的信念……當你懷疑時，問問自己的良心……永遠不要害怕犯錯，否則你永遠不會做對。』我那時常會想：『又來了，老是說一樣的話。』但有時候我還真的不得不仰賴他說過的話。」

「我的媽媽總是督促我進步。『你可以做更好……再檢查一次……再做一次。』她不讓我逃避任何事情。另一方面，我的父親認為我很完美。所以我知道找誰可以得到怎樣的幫助，我擁有很棒的互補父母。」

「我的父母堅持讓我學習各種不同的技巧——如何平衡金錢的花用、更換輪胎。他們甚至要求我每天閱讀五頁的西班牙語。那時候我滿心不情願，但是到頭來因為我懂西班牙文，反而找到一份好工作。」

「我知道自己不應該這麼說，因為這裡可能有很多職業婦女，包括我，但是我真的很喜歡放學後有媽媽在家裡。如果那天有任何令我心煩的事，我總是可以告訴她。」

我說：「所以你們大多數都覺得父母親在你們的青春期算很支持你們的。」

吉姆回應：「只有一半。我父親說很多積極鼓勵的格言時，其實也伴隨很多傷人的話。我的表現對他來說永遠不夠好，而他從未忌諱讓我知道。」

吉姆的話開啟了防洪閘門，湧出了大量不開心的回憶：

「我從我媽那裡很少得到幫助。我有許多問題而且迫切需要引導，但是從她那裡得到的只有老生常談：『我在你這個年紀時……』幾次之後，我學會不再吐露心事。」

「我的父母常會讓我感到有罪惡感：『你是我們唯一的兒子……我們對你有更多期望……你還沒發揮你的潛力。』」

「我父母的需求總是比我重要，他們會把自己的問題丟給我。我是六個孩子中的老大，所以被期待要煮飯、打掃和照顧弟妹。我根本沒有時間當個青少年。」

「我剛好相反。我被當成小寶寶並被過度保護，沒有父母的贊同，我不認為自己有能力做任何決定。我花了好幾年進行心理治療才開始對自己有些自信。」

「我的父母來自另一個國家——完全不同的文化。在我家裡，每件事都被嚴格禁止。我不能買自己想要的東西、不能去自己想去的地方、不能穿想穿的衣服。即使我已經高三了，每件事還是必須得到父母的准許。」

一位名叫蘿拉的女性最後一個發言。

「我的母親是另一個極端。她過於放任，從不訂定任何規則，什麼都隨便我。我可以凌晨兩、三點還待在外面，而且沒有人會關心。家裡從來沒有門禁或任何形式的介入。她甚至讓我在家裡飲酒和吸毒。十六歲時，我就吸食古柯鹼和喝酒，可怕的是沒多久就這樣墮落下去。我對我媽仍然心懷怨氣，因為她都沒有試著要規範我。我很多年的生命都被她摧毀了。」

整個團體一片沉默。人們被自己剛才聽到的故事深深震撼。最後吉姆下了評論：「天啊，父母可能立意良善，但是他們真的可能會毀了一個孩子。」

麥克抗議：「但是我們都生存下來了，我們長大成人、結婚、組織我們自己的家庭。無論怎樣，我們都想辦法成為了負責任的成年人。」

之前談到自己接受心理治療的喬安說：「可能真的是這樣，但是我們花了太多時間與能量去忘記不好的事情。」

蘿拉加上：「而且有些事你永遠無法忘懷。」

「這就是為什麼我在這裡。我的女兒開始出現令我擔心的行為，而我不希望在她身上重複我媽對我做過的事情。」

蘿拉的評論推動了團體的發展。大家一點一滴地開始發表自己對於孩子目前行為的焦慮：

「我在意的是我兒子的新態度。他不想要遵守任何人的規則。他很叛逆，跟我十五歲時一樣。只是我把叛逆的心態隱藏起來，而他則大剌剌地展現，拒絕委屈服從。」

「我的女兒才十二歲，但是她天生就渴望被接受——尤其是來自男生的認同。我害怕有一天她只是為了受大家歡迎就會對一些事情妥協。」

「我擔心我兒子的學校功課。他不再努力顧學業了。我不知道他是太熱衷於運動還是只是懶惰。」

「我兒子現在關心的似乎只有他的新朋友，還有自己是不是夠酷。我不喜歡他和那群朋友在一起。我覺得他們會帶來不良影響。」

「我的女兒像有兩種人格。家裡以外她是個洋娃娃——甜美、愉悅、有禮貌，但是在家裡就算了吧。只要我跟她說她不能做某些事或得到某樣東西，她就會大發脾氣。」

「聽起來好像我女兒。只是她發脾氣的對象是她的新繼母。這真是很棘手的狀況——尤其是當我們得一起過週末的時候。」

「我擔心所有青少年的狀況。這時代的孩子不知道他們吸入或喝到了什麼。我聽過太多關於約會強暴或派對上男人把藥物投入女孩飲料的事。」

隨著團體焦慮的集結，氣氛開始變得沉重。

凱倫緊張地笑了笑。「好吧，現在我們都知道問題是什麼了——快，我們需要些解答！」

我說：「沒有所謂速成的答案，至少對青少年來說是如此。在今日的世界裡，你無法保護他們避免所有的危險，或是擺脫他們青春期時的情緒動盪，或是消滅不斷轟炸他們、有害身心的流行文化。不過如果你們可以在家中創造一種氛圍，讓孩子感覺可以自在地表達自己的感受，那麼將有很大的機會讓他們更願意聽你們的感受，更願意考慮你們成人的觀點，更能夠接受你們的規範，更可能因為你們的價值觀而受到保護。」

蘿拉驚叫：「你是指我們還有希望！現在不會太晚嗎？上週我因為有股強烈的恐慌而醒過來。能夠想到的只有女兒不再是個小女孩了，而且時光不會倒流。我癱在床上，想著所有我處理不當的事情，然後我感到非常憂鬱和愧疚。」

「然後我突然驚覺，嘿，我還沒死呢！她也還沒離開家。而且我永遠是她的母親，或許我可以學著做一個更好的媽媽，請告訴我現在還不會太遲啊。」

我向她保證：「這也是我的經驗，要改善與孩子的關係，永遠不嫌晚。」

「真的嗎？」

「真的。」

現在是開始第一個練習活動的時候了。

我對著團體說：「假裝我是你的青少年孩子，我要說出幾件我心裡正在想的事，請你以一種絕對會令大多數孩子反感的方式來回應。我們開始囉！」

「我不知道要不要上大學？」

我的「父母們」立刻反應：

「別開玩笑了，你當然要唸大學。」

「這真是我聽過最愚蠢的事。」

「我不敢相信你會有這種想法。你想令祖父母傷心嗎？」

每個人都大笑出聲。我繼續宣揚我的擔憂與不滿：

「為什麼倒垃圾的總是我？」

「因為你除了吃和睡，對家裡沒有任何貢獻。」

「為什麼你總是抱怨的那個人？」

「為什麼當我請你哥哥幫忙時，他從來不會找麻煩？」

「今天有個警察幫我們上了一堂好長、跟藥物有關的課。真是無聊！他只是在那邊嚇唬我們。」

「嚇唬你們？他試著要把一些常識灌進你們的腦袋中。」

「如果被我抓到你吸毒，你真的就必須害怕了。」

「你們這些孩子今天的問題就是自以為自己知道所有事情。讓我告訴你，你還有很多東西要學習。」

「不管我有沒有發燒，我絕對要去參加那場音樂會！」

「那是你自己想的。你今晚哪裡都不准去——除了床以外。」

「為什麼你要做那麼愚蠢的事？你還在生病。」

「這又不是世界末日。還會有很多其他的音樂會。你為什麼不播放樂團最新的專輯、閉上你的眼睛，假裝你正在音樂會上呢？」

麥克嗤之以鼻地說：「噢，那件事真有這麼重要嗎？」

我說：「其實身為你的孩子，沒有什麼比我剛才聽到的事更嚴重了。你輕視我的感覺、嘲弄我的想法、批評我的判斷，而且我根本沒有要求你們給忠告。但是這一切對你們來說卻是如此自然，為什麼呢？」

蘿拉說：「因為這些話就存在於我們的腦海中，當我們是孩子時就是聽到這些話，所以說著說著就會自然吐露。」

我說：「我也認為這些話很自然，它們可以消除父母痛苦或不安的感覺。對我們而言，聆聽青少年孩子表達自己的困惑、憤慨、失望或沮喪是件困難的事。我們無法忍受看到他們不開心，所以最好的介入方式就是輕視他們的感覺，然後強加上我們成人的邏輯。我們希望讓他們知道『正確』的感受是什麼。」

「然而，我們的聆聽才能提供最大的安慰。我們接受他們不開心的感覺才能使我們的孩子更容易處理那些感受。」

吉姆驚呼：「噢！老天！如果我太太今晚在這裡，她會說：『你看吧，我一直試圖告訴你。不要跟我講道理、不要一直問問題、不要告訴我哪裡做錯或下次我應該怎麼做。只要聆聽！』」

凱倫說：「你知道我明白了什麼嗎？大多時候我是會聆聽——除了我孩子以外。如果我的朋友覺得心煩，我不會妄想告訴她該怎麼做，但如果是我的孩子，那就完全不一樣了。我會立刻提供解決辦法，這可能是因為我以父母的身分在聆聽。身為父母，我感覺自己必須馬上修正事情。」

我說：「這是很大的挑戰。將我們的思考從『我如何修正事情？』轉變為『我如何讓孩子能夠自己解決事情？』」

我從公事包中拿出我為了這次工作坊所準備的插圖，說明：「這裡是以漫畫形式描繪出的一些基本原則和技巧，當我們的青少年遇到麻煩或苦惱時，可以用來幫助他們。每個情境題，你都可以看到相反的例子，一種是會增加他們痛苦的對話，另一種則可以幫助他們處理問題。我無法保證插圖中的談話必定能產生正面結果，但是至少它們不會造成傷害。」

與其不顧孩子的感覺

媽媽不希望艾比難過。但是因為沒考慮女兒的憂傷，反而不經意地使女兒更難過。

不如辨識出孩子的想法和感覺

媽媽無法轉移艾比的痛苦，但是透過談話表達出艾比的想法和感覺，可以幫助女兒面對現實並且聚集繼續前進的勇氣。

與其忽略孩子的感覺

媽媽的出發點是好的。她希望兒子在學校表現良好。但是藉由批評他的行為、不顧他的擔憂，以及告訴他該如何，反而更難說服兒子自己應該做什麼。

不如使用一個字或聲音（噢…嗯…我知道了）來接受孩子的感覺

媽媽微小但有同理心的反應，能幫助她的兒子感覺被瞭解，並且讓他專注於自己必須做的事情上面。

與其用邏輯說教和解釋

當父親使用合理的解釋去回應女兒不合理的請求時，女兒甚至會更加挫折。

不如以假想方式推論現實生活中無法實現的事

透過假想方式順著女兒的意思去討論，爸爸讓女兒更容易接受事實。

與其推翻自己較好的判斷…

為了讓兒子開心並避免一場戰爭，媽媽忽略自己更好的判斷，然後選擇阻力最少的那條路。

不如接受孩子的感覺，同時重新引導無法接受的行為

透過對兒子的困境展現同理心，媽媽讓兒子較能夠接受自己的嚴格限制。

大家在結束閱讀前，就已經開始評論。

「你一定去過我家！所有不應該說的話聽起來就跟我說的一模一樣。」

「令我覺得困擾的是所有這些情節最後都有個快樂的結局。我的孩子永遠不會放棄或那麼輕易妥協。」

「但是這不是要讓孩子放棄或讓步，而是嘗試聽見他們真實的感覺。」

「沒錯，但是要做到這點，你必須以不同的方式聆聽。」

「還有以不同的方式說話。就像是學習一種全新的語言。」

我說：「還有習慣一種新語言，讓它變成你的，而練習將會有幫助。我們現在就開始吧。我再次扮演你們的青少年。我會表達相同的煩惱，只是這次你們這些媽媽和爸爸要運用在剛才看過的插圖中任何一種技巧來回應。」

大家立刻開始翻查那幾頁插圖。在我開始說出我青少年的煩惱前，我先給家長們一些時間。團體中有些人可以快速回應我，其他的則還需要點時間。大家就此練習開口、暫停、重覆，最終找出令自己滿意的用字。

「我不知道要不要上大學？」

「聽起來你對於讀大學好像有一些疑問。」

「你在疑惑上大學是不是適合你。」

「你知道怎麼樣會很酷嗎？如果你可以從水晶球裡面看見自己沒去上大學或上了大學後生活將會變成什麼樣子。」

「為什麼倒垃圾的總是我？」

「天啊，我聽得出來你是多麼厭惡這項工作。」

「這不是你愛做的家事。明天我們可以討論如何輪流家務。不過現在我需要你的幫忙。」

「如果垃圾可以把自己拿出去不是很棒嗎？」

「今天有個警察幫我們上了一堂好長、跟藥物有關的課。真是無聊！他只是想嚇唬我們。」

「所以你認為他用誇大的方法試著讓孩子害怕而遠離毒品。」

「恐懼戰術真的讓你提不起勁。」

「聽起來你好像希望成人給予孩子直接的資訊，並且信任他們做負責任的決定。」

「不管我有沒有發燒，我絕對要去參加那場音樂會！」

「運氣真不好，偏偏是今天生病！你已經期待這場音樂會好幾個禮拜了。」

「我知道。你下定決心要去。問題是燒到三十八度三了，你應該躺在床上。」

「即使你知道還會有很多其他的音樂會，但是你希望自己不會錯過這一場。」

當練習快要結束時，大家看起來都對自己很滿意。蘿拉大聲地說：「我覺得我開始上手了，訣竅就是試著把你認為孩子的感覺化為語言文字，同時先保留自己的感受。」

吉姆說：「那就是我反對的部分。這樣我什麼時候才能談論我的感受——說出我想說的話呢？例如：『做家務是對家庭的一種貢獻。』、『唸大學是一種優勢，它可以改變你的生命。』、『吸毒很蠢，它會毀掉你的生活。』」

麥可同意：「沒錯，畢竟我們是父母。我們什麼時候才能談論自己相信的或我們所重視的東西呢？」

我回答：「總是會有時間讓你們傳達自己的訊息，如果你們先開始讓孩子知道他們的感覺有被聽到，那麼孩子更有可能聽你們說的話，不過這並非一定。他們可能會責怪你們不了解、不講理或老古板。但是請不要誤會，儘管他們批評和抗議，青少年還是想要明確知道你們的立場。你們的價值觀和信念在他們做選擇時扮演了一個至關重要的角色。」

我深吸了一口氣。今天晚上討論的內容已經涵蓋了許多基本議題。現在是時候讓父母們回家並測試自己學到的技巧了。到目前為止，他們一直聽我發表堅定的信念，但只有實際在孩子身上實行並且親自觀察過結果，才能發展出自己的育兒信念。

我說：「下週見，我期待聽到你們的經驗回饋。」

故事分享

我不知道在我們第一次聚會後會迸出什麼火花。當你與其他家長一同坐在一個工作坊中，嘗試對假設性的問題應用新原則是一回事；當你獨自一人在家，試著處理真實的孩子和問題又是另一回事了。目前，許多父母只有做到前面這一項。接下來所呈現的家長經驗範例有經過些微的編輯。（大多數的故事來自積極參與課堂的父母，有些經驗則來自較少參加討論，但是卻想要以書面形式分享他們所學的技巧如何影響到自己與青少年孩子之間的關係。）

喬安

我的女兒瑞秋最近情緒似乎非常低落。但是不管何時我問她怎麼了，她都只說：「沒事。」我的回應是：「如果你不告訴我，我該怎麼幫你呢？」她只會回覆我：「我不想談。」我會接著說：「如果你說出來，可能會感覺好一點。」然後她會看我一眼並結束這個話題。

但是上週課程結束後，我決定嘗試「新方法」，我說：「瑞秋，你最近好像非常不開心。不論發生了什麼事，它一定讓你感覺很糟。」

眼淚開始滑落她的臉頰，接著完整的故事一點一滴地浮現。她有兩個從小學到國中都是好友的女性朋友，現在變成校園人氣團體的一員，而她們開始疏遠她。她們不再像往常一樣幫她保留午餐座位，或是邀請她去任何她們舉辦的派對。在走廊上擦肩而過時，她們甚至不跟她打招呼。此外，她確定她們其中一人寄了一封電子郵件給其他孩子，內容是關於她穿著「難看」衣服，不但沒有品牌而且讓她看起來很胖。

我很震驚。我曾經聽過這類校園故事，而我也知道有些女孩可以多麼殘忍，但是我從來沒有想過任何這些情節會發生在自己的女兒身上。

我滿腦子想的都是如何移除她的傷痛，告訴她忘了那些討人厭、卑劣的女孩們，她可以交新朋友、更好的朋友、懂得珍惜她這種好孩子的朋友。不過我沒有說出任何以上的話。反之，我只有描述她的感覺。我說：「噢，甜心，發現你過去信任而且認為是朋友的人並不是你真正的朋友，這真的會令人非常難過。」

「她們怎麼可以這麼卑鄙！」瑞秋邊說邊哭。然後她告訴我關於班上另一個被她們在網路上汙辱的女孩——她們說她有體味而且聞起來像尿一樣。

我簡直不敢相信自己聽到的事情。我告訴瑞秋這類行為正傳達出她們是怎樣的人，與其他任何人都無關。很明顯地，這些女孩認為標榜自己特別、屬於「團體」一部分的唯一辦法，就是盡量將他人拒於門外。

她點了點頭，然後談完這件事後，我們又針對「真」朋友與「假」朋友，以及如何區辨兩者間的差異討論了許久。過了一會兒，我看得出她開始感覺好些了。

但是我仍舊無法安心。所以隔天瑞秋去上學後，我聯絡了學校的輔導老師。我告訴老師這通電話需要保密，可是我認為她可能會想知道發生了什麼事。

我不知道會得到怎樣的回應，但是輔導老師很棒。她說她很高興接到我的來電，因為她最近聽到愈來愈多關於「網路霸凌」的故事，而她打算與校長討論這個問題，看看能做些什麼來幫助所有的學生了解這類網路辱罵與騷擾會造成多大的傷害。

我們的對話結束時，我整個人感覺好多了。我發現自己在想：「誰知道呢？在這件事之後可能會有一些好事發生。」

吉姆

我最大的兒子在一間速食餐廳打工。上週六，當他工作回到家，他把背包甩在桌上，然後開始咒罵他的老闆。從他嘴裡說出的字不是「操」就是「幹」字開頭。

原來是他的老闆之前有詢問他週末是否可以多安排幾個小時打工，我的兒子告訴他：「或許可以。」但是當他星期六早上去打工並打算告訴老闆他確定可以再多一些時數時，那個「混蛋」（引用我兒子的話）已經把多出來的時數給了另外一個人。

幸好我沒有脫口而出內心的真實想法，說：「這有什麼好令你驚訝的呢？你期待什麼？成熟一點！你告訴他，你『或許』可以，『或許』不能，你要老闆如何安排人手呢？」所以孩子還算幸運。但是我也沒斥責他，這次甚至沒有提到他的不雅辱罵，只是說了：「所以你不認為自己必須馬上給予他一個確定的答案。」他說：「對，我需要時間考慮！」

我說：「嗯哼。」

他說：「你知道的，我的生活不只有工作！」

我心想還在想，這個新方法不管用。

然後他突然說：「我想我犯了一個愚蠢的錯誤。我當時回到家後應該打給他，而不是讓他等著我的答覆。」

怎麼會這樣呢？我只是向他展現出一點同理心，而他就承認了自己最初犯下的錯誤！

蘿拉

第一次工作坊之後幾天，我帶我女兒去買牛仔褲，這真是一個大錯誤。她試穿後沒有一件是「對的」。不是尺寸不合就是顏色不對，或是設計師品牌不對。最後，她總算挑到一件她喜歡的——低腰、緊身的褲型，她只能勉強拉上拉鍊，而且那件完全顯現出她臀部的輪廓。

我一個字都沒有說，只是讓她待在試衣間裡，然後我走出來尋找較大的尺寸。當我回到試衣間時，她仍然在欣賞鏡中的自己。她看了一眼我找給她的褲子，然後開始大叫：「我不要試穿那些！你希望我看起來像個書呆子！你不能因為自己胖就覺得每個人都應該穿著大號的服裝。我才不要用跟你一樣的方式來隱藏我的身材！」

我非常受傷、非常生氣，氣到差點要脫口而出難聽的「小賤人」。還好沒有。我僅僅說：「我在外面等你。」這是當下我全力克制自己所能擠出的話。

她說：「那我的牛仔褲怎麼辦？」

我再說了一次：「我在外面等你。」然後留她在試衣間中。

當她總算走出試衣間時，我最不想做的事情就是「理解她的感受」，但不論如何，我還是這麼做了。我說：「我知道你喜歡那些牛仔褲。我也知道你不高興，因為我不贊同它們。」接著，我讓她知道我的感覺。「當你那樣說我時，我感覺我的心門會關閉。我不想要再逛街或幫忙，甚至說話。」

回家的路上，我們兩人一句話都沒說。但是我們快抵達家門時，她含糊地說了一聲：「對不起。」雖然這不太像個正式的道歉，但是我很開心聽到她這麼說。我也很開心自己沒有對她說出任何我必須向她道歉的話。

琳達

我不知道自己與兒子的關係是否有變比較好，但是我認為我與他的朋友們有了一些進展。他的朋友是十三歲的雙胞胎——尼克與賈斯汀——兩人都非常聰明，但卻不受控制。他們會抽菸（我懷疑不只是香菸）、亂搭便車，而且有次被父母禁足後，竟然從房間的窗戶爬出去，然後跑到購物中心。

我兒子對於這兩人對他有興趣感到受寵若驚，但是我很擔心。即使他否認，但是我確信他曾跟他們一起搭便車。如果照我的方法，我會直接禁止他在校園外與他們見面。但是我先生說，這樣只會讓事情變得更糟，不管怎樣，兒子都會找出一個與雙胞胎朋友會面的方式，然後跟我們撒謊。

所以我們過去一個月的策略改成邀請雙胞胎每週六來家裡晚餐。我們想說如果他們在這裡，我們可以仔細看管他們三人，並且開車載他們去想去的地方。如此一來，至少有一個晚上我們會知道他們不會高舉著大拇指、站在某個黑暗的角落，等待某些陌生人讓他們搭便車。

不論如何，雖然我們做了這些事，直到現在我們還是無法與雙胞胎有任何溝通對話。但是上週的工作坊之後，實際上有了一些進展。

他們兩人剛好在說自然老師的壞話，並且稱呼他是個愚笨的怪人。一般來說，我們會幫老師說話，但這次不是。這一次我們嘗試理解雙胞胎對自然老師的感覺。我的先生說：「你們真的不喜歡這位老師。」然後他們繼續告訴我們更多：「他好無聊。而且他總是毫無理由的對你大吼大叫。而且如果他叫到你，但是你不知道答案，他會在所有人面前貶低你。」

我說：「尼克，我敢說如果你和賈斯汀是老師，你們不會對孩子大吼或因為他們不知道答案就貶低他們。」

他們幾乎同時一起說：「沒錯！」

我的先生加上：「而且你們兩人都不無趣。如果有你們兩人當老師，孩子們會很幸運。」

他們兩人互看對方並開懷大笑。我的兒子在那裡看得目瞪口呆。他不敢相信他的「酷」朋友們竟然真的可以和他「不酷」的父母對話。

凱倫

昨晚，史黛西和我正翻看一本老相簿。我指著一張她大約六歲時騎著腳踏車的照片，並說：「你看那時候你多麼可愛！」

她說：「是啊，然後呢？」我回：「你說『然後呢』是什麼意思？」她說：「我現在看起來沒有那麼可愛了。」我說：「別傻了，你看起來很好。」她說：「不，我沒有。我看起來很糟糕。我的頭髮太短、我的胸部太小、而我的屁股又太大。」

當她這樣形容自己時，總會提醒我當我與她同樣年紀時的不安全感，還有我媽總是如何建議我該如何改善自己：「不要無精打采……肩膀挺起來……把頭髮整理好……化點妝。你看起來像憤怒之神！」

所以昨天當史黛西開始挑剔自己時，我第一個直覺是要向她保證：「你的屁股絕對沒有很大、你的頭髮會留長、你的胸部也會長大，如果沒有，總是可以自己加胸墊。」

不過呢，這是以前的我會說的話。但是這次我想：「好，我要順著她的感覺。」我伸手環抱她並說：「你聽起來完全不滿意自己的外表……你知道我希望什麼嗎？我希望下次你站在鏡子前時可以看到我所看到的。」

她突然很感興趣的問：「你看到什麼？」

我告訴她實話：「我看見一個內外皆美的女孩。」

她說：「噢，因為你是我媽。」然後離開了客廳。

一分鐘後，我看見她站在玄關的全身鏡前。雙手放在臀部上，而且臉上帶著微笑看著鏡中的自己。

麥克

記得我提過我兒子對學校抱持的負面態度嗎？工作坊後的隔天早晨，他帶著往常的壞心情下樓吃早餐。他在廚房周圍走來又走去，抱怨他身上承受的所有壓力。說他這一天內有就兩科——西班牙文和幾何學——要考測驗。

我差點又要脫口而出以往當他這樣焦躁時我會念他的話：「如果你有盡本份完成作業又有唸書，根本不必擔心這些測驗。」但是我太太戳了我一下並對我使了使眼色，我記起來了關於假想引導對談的技巧。於是我說了：「如果廣播突然宣布——『今天會下雪！預料將是暴風雪。所有學校關閉！』不是很棒嗎？」

我說的這番話令他感到驚訝。他竟然笑了出來。所以我又繼續說：「你知道怎樣更棒嗎？任何你有考試的那一天都變成下雪天。」

他一邊苦笑一邊說：「對啊……我也希望！」那天當他出發去學校時，他的心情好多了。

史提芬

我再婚超過一年了，而我十四歲的女兒艾咪從第一天起就討厭我的新妻子。每當我從她媽媽家接回我家共度週末時，都會發生相同的事。從她上車的那一秒，她就會開始批評凱若（我的新太太）。

無論我對艾咪說什麼，我始終無法解決這個問題。我指出她這樣對凱若是多麼不公平，她沒有給予凱若機會，凱若又是多麼努力地想做她的朋友。但是我說愈多，她愈想要證明我是錯的。

我上週去參加工作坊真是好事，因為接下來的星期日，當我接到艾咪時，她就開始說：「我討厭去你家。凱若總是在那邊。為什麼你要娶她？」

我無法一邊處理這個問題一邊開車，所以我把車停在路邊並熄掉引擎。我所能想到的只有放輕鬆，不要和她辯論，甚至不要嘗試跟她講道理，這次只要聆聽，讓她把所有感受都傾倒而出。所以我說：「好吧，艾咪，聽起來你對我有許多強烈的不滿，除了這些你還有其他話想說嗎？」

她說：「你不會想聽我想說的。你從來都不想聽。」

「我現在會聽了，因為我聽得出來你是多麼生氣和不開心。」

這招奏效了。接著是一長串的抱怨：「她不像你所想得那麼甜美……她是個大騙子……她只在乎你……她只是假裝喜歡我。」

從頭到尾，我都沒有幫凱若說話或試圖說服艾咪她錯了。我只是發出「喔」和「嗯」的聲音並且聆聽。

最後，她嘆了口氣並說：「噢，這樣有什麼用。」

我說：「當然有用。因為知道你的感受對我來說很重要。」

她看著我，我可以看見她眼眶中含著眼淚。我說：「而且你知道嗎？我們應該盡量在週末時找出足夠的時間獨處——只有我們兩人。」

她問：「那凱若怎麼辦？她不會生氣嗎？」

我說：「凱若會諒解的。」

總之，那天後來艾咪和我一起去公園遛狗，遛了很長一段路。我現在還無法證明是否與談話有關聯，但那個週末是凱若、艾咪和我相處最好的一次。

快速提醒

接受（承認）青少年孩子的感覺

青少年：噢不！我該怎麼辦？我告訴高登家這週六可以當他們的褓姆，但是現在麗莎打電話來邀請我去她家住！

父母：你應該……

與其不顧孩子的感受並給予勸告，不如：

※ **辨識其想法與感覺：**「聽起來你陷入兩難。你想要去麗莎家，但是又不想讓高登家失望。」

※ **用一個字或聲音表示收到孩子的感覺：**「嗯！」

※ **現實辦不到，給予假想情境提供引導：**「如果你可以複製自己不是很棒嗎？其中一個你可以去當褓姆，另一個你可以去麗莎家住。」

※ **接受孩子的感覺，同時重新引導行為：**「我聽得出來你比較想去麗莎那邊。問題是你已經答應高登家了。他們信賴你。」

第二步

我們還在不停「確認」

”

我很期待今晚的聚會。上一次工作坊結束後，吉姆私下告訴我，無法讓孩子照著他的想法來做事，這點讓他感到很挫折。我明白這種難受，並且告訴他，下週的工作坊我們會深入探討這個主題。

所以等大家陸續進入會場就坐，我在白板上寫下了這次工作坊的主題：

產生合作的技巧

我說：「讓我們回到最一開始的時候，當孩子們年紀還很小，我們大部分陪同的時間都花在『確認』上面。我們會確認他們有洗手、刷牙、吃蔬菜、準時上床睡覺，還有記得說請和謝謝。」

「我們也一直在確認有些事情是他們沒有去做的。確認他們不會自己衝到馬路上、爬到桌上、丟沙子、踢人、吐口水或咬人。」

「我們期待當他們成長為青少年時，應該已經學到大部分的教訓。但是令我們沮喪和氣憤的是，我們發現自己現在還在做『確認』的工作。沒錯，我們的青少年不會再咬人或爬到桌上了，但是大多數青少年還是需要被提醒做功課、完成家務、吃得健康、定期洗澡、睡眠充足以及準時起床。我們也仍舊必須確保他們沒有做某些事。『不要用袖子擦嘴巴』……『不要把衣服丟在地上』……『不要佔用電話』……『不要用那種語氣和我說話！』」

「每個家庭都不同，每位父母也不一樣，每個青少年更是不同。你認為在一天內你必須『確認』

你的青少年有做或沒有做的事情是哪些呢？讓我們從早晨開始。」

毫不猶豫地，大家開始大聲說出：

「我要確認他不會在鬧鐘停止後又倒頭大睡。」

「或不吃早餐。」

「或連續三天穿同一件衣服。」

「或霸佔浴室，讓其他人都無法使用。」

「或者上學遲到，因為他又錯過了校車。」

「或找她姊姊的麻煩。」

「或是忘記帶她的鑰匙和午餐錢。」

我問：「那麼下午呢？你們的『確認』清單上有什麼？」

「你一進家門就要打電話讓我知道。」

「遛狗。」

「開始做功課。」

「不要吃垃圾食物。」

「當我不在家時，不可以帶異性朋友回來。」

「不要忘了練鋼琴（或小提琴、薩克斯風）。」

「出門前要告訴我你要去哪裡。」

「不要欺負你妹妹。」

我說：「現在輪到晚上了。你們要幫孩子們確認有做和沒有做的事情是什麼？」大家想了一下，然後……

「不要躲在房間裡，花些時間與家人相處。」

「不要敲桌子。」

「不要坐得歪七扭八。」

「不要整晚講電話。寫完你的功課。」

「不要整晚上網。做完你的功課。」

「就這一次，當我要你做某些事情時，請說沒問題。」

「就這一次，當我問你哪裡出錯時，請回答我。」

「洗澡時不要把所有熱水用完。」

「睡覺前不要忘了把牙套維持器戴上。」

「不要熬夜，否則你早上會沒有精神。」

蘿拉下了評論：「光聽這些就覺得心很累，難怪我每天都這麼疲憊。」

一位名叫蓋兒的女士接著說：「而且永遠不會停止。我總是在我兒子身後——催促、指責和要求他完成這件事和那件事。自從我離婚後情況又變得更糟。有時候我感覺自己像個教官。」

麥克說：「我有不同看法，我倒認為你是一個負責任的父母。你做的是父母應該要做的工作。」

蓋兒無奈的問：「那為什麼我的孩子不做他們應該要做的事情？」

蘿拉接著說：「我女兒認為她應該要做的事情就是找媽媽麻煩。連小事都和我爭辯。當我說：『請把髒盤子拿出你的房間』，她會回：『別再煩我了。你總是對我有意見。』」

團體中隱約傳出贊同的聲音。

我說：「所以對於青少年，有時候連最簡單、最合理的請求都可能觸發一場簡短的爭論或一場長期的戰爭。為了更理解我們孩子的觀點，讓我們站在他們的立場來思考。讓我們看看自己在要求青少年做出我們希望的事情時常使用的典型方法，聽在耳裡會如何。現在假設我是你們的父母，當你們使用『青少年耳朵』聽我說話時，請喚起你們立即、未經評斷的內在反應。」

以下是我示範的幾種不同方式，並整理出「我的孩子們」的各種反應：

責備和指責：「你又犯了一次！你把油倒入平底鍋、開大火，然後就離開廚房。你是怎麼了？你知不知道這樣很可能會引起火災！」

「不要對我大吼。」

「我沒有離開很久。」

「我必須去上廁所。」

辱罵：「你怎麼可以忘了把自己全新的腳踏車上鎖？這真的是太愚蠢了。難怪車會被偷，我不敢相信你可以這麼不負責任！」

「我很笨。」

「我不負責任。」

「我從來沒有做對任何一件事。」

威脅：「如果你認為完成該負責的家務不是很重要，那我也不認為給你零用錢很重要。」

「賤人！」

「我討厭你！」

「當我離開這個家時我會非常高興。」

命令：「我要你關掉電視，然後開始寫功課。不要拖拖拉拉，現在就去做！」

「我現在不想寫功課。」

「不要煩我。」

「等我準備好，我就會去寫功課。」

告誡和說教：「有些事我們必須談談，關於你吃飯打嗝的事。你可能覺得很好笑，但事實上這就是個壞習慣。不管喜不喜歡，人們都會用我們的習慣來評斷我們。所以如果你必須打嗝，至少用餐巾紙摀住嘴巴，而且要說『不好意思』。」

「你說什麼？我沒在聽。」

「我想要打嗝了。」

「這太膚淺了。禮貌對你可能很重要，但對我不是。」

警告：「我警告你。如果你開始和那群人出去，你會有大麻煩。」

「你完全不了解我的朋友們。」

「你的朋友們又有多棒？」

「我不管你說什麼。我知道我在做什麼。」

讓人難受：「我就請你為我做一件小事，但對你而言卻太多。我不明白。我這麼努力工作就為了供給你所有需要的東西，而這就是你對我的感謝嗎？」

「好吧，我就是個不孝子。」
「我會這樣是你的錯。你把我寵壞了。」
「我還真覺得愧疚哩。」

比較：「所有電話都是打來找你姐姐，肯定有原因。如果你更努力表現得像她一樣友善和外向，你也會很受歡迎。」

「她是個大騙子。」
「我討厭我姐姐。」
「你總是喜歡她勝過我。」

諷刺：「所以你打算練完籃球不洗澡就直接去跳舞?!好吧，你應該聞起來超香的！女孩子會為了靠近你來排隊。」

「嘿嘿……你還以為自己非……常……有趣。」

「你聞起來也沒有多好。」

「為什麼你不直截了當的說清楚！」

預言：「你只會去責怪別人，從來沒有承擔過責任。我跟你保證，如果你再這樣下去，問題只會變得更糟，而且以後除了你自己，沒有別人可以責怪。」

「我大概就是個失敗者啦。」

「我毫無希望。」

「我注定失敗。」

蘿拉大聲說出：「夠了！我已經覺得很內疚。這些話跟我對我女兒說的好類似。只是現在當我以一個孩子的立場來聽，我討厭這些話聽起來的感覺。我聽到的每句話都讓我感覺自己很糟糕。」

吉姆看起來很沮喪。

我問他：「你在想些什麼？」

「我在想你給的示範很多聽起來都那麼熟悉，令人懊惱。就像我上週提過的，我的父親一直以來都毫不猶豫貶低我。我嘗試著用不同的態度對待我的孩子們，但是有時候就是會聽見自己說出他曾講過的話。」

凱倫說：「我知道！有時候我感覺自己像是變成了我媽，但我曾發過誓自己絕對不會變成她。」

蓋兒接著說：「現在我們知道什麼不該說，那什麼時候會討論可以說的話呢？」

我舉起我準備的插圖並回答：「現在就要談到了。但是在我發下去之前，請記住你接下來會看到的溝通技巧，沒有任何一樣是次次都會生效的。沒有一種魔法文字可以應用於各種情況中的每一位青少年。這就是熟悉多種技巧為什麼重要的原因。然而，當你翻看這些插圖時，會發現隱藏在這些範例的基本原則就是要去尊重。我們尊重的態度和尊重的語言會使青少年聽話並讓彼此合作成為有可能的事。」

與其命令

命令通常衍生怨恨與抗拒。

不如說出問題

藉由說出問題，讓青少年孩子一起思考找出解決問題的辦法。

與其攻擊青少年

當我們生氣時，有時候會用話語猛烈抨擊或貶抑我們的青少年孩子。
結果呢？他們不是退縮就是反擊。

不如描述你的感覺

當我們描述自己的感覺，孩子會更容易聽我們的話並做出願意幫助的回應。

與其責備

當青少年被指責時，通常會想反擊回去。

不如提供資訊

當他們有資訊參考（簡單且尊重地給予），可能對需要做的事情更勇於承擔責任。

與其威脅或命令

許多青少年對威脅的反應是反抗或不情願的順從。

不如提供選擇

如果我們可以用一個符合我們和他們需求的選擇來取代威脅或命令，
將更有可能取得他們的合作。

與其冗長的說教

青少年傾向對冗長的說教充耳不聞。

不如只說一句話（一個字）

一個簡短的提醒可以集中他們的注意力，而且更可能使他們合作。

與其只說孩子哪裡有錯

青少年通常會替自己行為辯解來回應大人的指責。

不如陳述你的價值觀與／或期待

當父母清楚且尊重地陳述他們的期待，青少年們會更願意聆聽並嘗試不辜負那些期望。

與其嚴厲地訓斥

青少年對父母的反對會很敏感。

不如出人意料

用幽默取代批評，我們轉變了心情同時鼓勵了每個人的趣味精神。

與其嘮叨

有些青少年對講道理的提示會反應遲鈍。

不如用寫的

通常書面文字可以完成口語無法達到的效果。

家長翻閱過這些插圖後，滔滔不絕評論：「這方式不只適用於青少年。若我先生運用這些方法對我說話，我也會很高興。」

「用在你身上嗎？」

「好吧，應該說是和我一起使用或為我使用這種方法。重點是這溝通技巧可能可以改善大多數的婚姻。」

「我打賭有人會看了這些技巧後說：『這些全都不是新的，只是一般常識。』」

「知道是知道，但不一般。如果很一般，我們這些人今晚就不會在這裡了。」

「我永遠記不得全部的技巧。我要把這些插圖貼在衣櫃的門內。」

一位新來且尚未發言過的父親舉起手。「嗨，我是湯尼，我好像不該說些什麼，因為上個星期我人沒在這裡。但是對我而言這些範例只有展現如何處理普通的日常小事——髒背包、有破洞的上衣、糟糕的餐桌禮貌。我今晚來這裡是因為以為自己可以知道如何處理青少年最令父母擔憂的問題——像是抽菸、喝酒、性行為、吸毒。」

「那些的確是今日父母的主要擔憂，」我同意地說。「然而我們從處理『普通的日常小事』會為以後解決「大事」奠定基礎。處理髒背包或破上衣、糟糕的餐桌禮節，結果不是關係改善就是變惡化。家長平常對孩子的起起落落，處理得好或不好，會導致他們遠離或選擇靠近我們。我們針對他們做了或沒做什麼的應對方式，可以引發怨恨或創造信任和強化他們與我們的連結。而有時候只有那種連結可以確保青少年孩童的安全。當他們受到誘惑、矛盾或迷惘時，他們會知道去哪裡尋求指引。不太健康的流行文化引誘他們時，他們腦中才會出現另一種聲音——你們的聲音——以及你們可給予的價值觀、愛和對他們的信心，一起聽進去。」

長時間的沉默後，湯尼問：「課程結束了嗎？」

我查看了一下手錶，然後告訴他：「差不多了。」

他邊翻動那幾頁插圖邊說：「太好了，因為今晚我想試試，應該可以在孩子們還沒睡著前到家，試一試這裡面的方法了。」

故事

接下來的故事，我們會看到家長們如何使用這些新技巧，不管是以個別的還是結合的方法處理和孩子的關係，有時還運用在突破「日常小事」的狀況。

蓋兒

上次的工作坊簡直為我量身打造，我最近剛離婚，開始一段全職工作，所以若有什麼事情是我現在迫切需要的，就是孩子們的合作。我的兒子們都在青少年階段，但是他們從未提供實質幫助——我知道這是我的錯，因為我討厭嘮叨，所以最後總是自己把事情做完。

總之，週六早上我讓他們兩人坐下，然後解釋我現在沒有辦法又上班又繼續完成我之前做的所有事。我告訴他們，我需要他們一起做，一家人現在必須要同心協力。接著，我列出所有家中必須完成的家務，並且請他們各自選擇三種願意負責的工作。三種就好。每個禮拜結束時，他們可以交換工作。

他們最初的反應很典型。大聲抱怨在學校已經承受的各種壓力，還有他們多麼的「沒有任何時間做自己的事」。不過最後他們兩人還是各自挑選了三種家務。我把這張清單貼在冰箱上，然後告訴他們，只要想到回到家時看到衣服已經洗好了、洗碗機清空了、餐桌清理乾淨可以準備放上晚餐，對我來說就是很大的慰藉。

唉，現實中沒辦法百分之百這樣。但是他們有時候會開始做一些家務。當他們沒有做時，我只要手指一下清單，孩子就會起身去做。

早個幾年讓我知道這個方法不知道有多好……

蘿拉

我女兒逮到一個新法子讓我知道自己做了「得罪」她的事，那就是冷戰。如果我問她到底怎麼了，她會聳肩並看向天花板，這種態度令我十分生氣。

但是上週聚會後，我整個人被激發了——決定要嘗試不同的方法。當我回到家時，她坐在餐桌上吃著零食。我拉出一張椅子並說：「凱莉，我不喜歡最近我們這樣的關係。」

她雙臂交叉在胸前並看向其他地方。我沒有讓這種行為嚇阻我。我繼續說：「只要我做了讓你不開心的事，你就不再和我說話，結果反而讓我火大，於是我就罵你，搞得你更加生氣。所以凱莉，我現在明白了，如果某件事讓你不高興，我需要你直接告訴我。」

她聳聳肩，再次看向其他地方。這個孩子不會這麼輕易妥協。所以我說：「如果這樣還是太難，那麼至少給我一個訊號，某種暗號。我不在乎是什麼。你可以輕敲桌子、揮舞一塊抹布、在你頭上放一張衛生紙。任何事都好。」

她說：「噢，媽，別傻了，」然後離開房間。

我心想，聽起來的確很傻，但是幾分鐘後她帶著滑稽的表情回到廚房，頭上有張白色的東西。我問：「你頭上有什麼……喔，對……衛生紙。」我們兩人開始大笑，然後長期以來我們第一次進行了真正的交談。

喬安

昨晚，我十五歲的孩子宣布她想要去穿鼻環。

我整個人火冒三丈，開始對她大叫：「你瘋了嗎？上帝給了你一個美麗的鼻子。為什麼你想要在上面穿洞？為什麼你想要破壞自己的外表？這是我聽過最蠢的主意！」

她也對我禮尚往來。「我只是想要在鼻子上穿個小小的環！你應該看看其他孩子的。金在舌頭上有鉚釘、布萊恩娜在眉毛上有個環，而艾許莉則是穿在她的肚臍上！」

我說：「對，她們也很愚蠢。」

她大叫著回應我：「我無法和你說話。你什麼都不懂。」然後氣沖沖地離開房間。

我只是站在那裡想著：「我竟然還是一位上過溝通課程的母親，這真是太糟了！」不過我不打算放棄。我只是需要一個更好的方法來跟她對話。

所以我上網尋找關於身體部位打洞的資訊。結果在我的國家，十八歲以下的青少年不論是身體部位打洞、烙印或刺青，只要沒有父母或監護人書面的公證信，那麼這些行為都是違法的。唯一的例外只有打耳洞。此外還有網頁介紹你可能因為不乾淨的工具或不衛生的情況而得到的所有疾病——肝炎、破傷風、傳染病、癬……

當她總算從房間出來後，我告訴她我很抱歉剛才那樣說她和她的朋友，但是她應該看看我在網路上查到的資訊。然後我指了指電腦螢幕。

她看完後說：「可是我認識的人裡面沒有人生病啊。反正我願意承擔風險。」

我說：「問題是我不願意冒險。你的健康對我而言很重要。」

她說：「好吧，那我可以找合格的醫生，讓他幫我打洞。你要做的就是給我一張書面許可。」

我說：「我無法同意。我還是反對。而且，我太了解自己，如果看見我的女兒戴著鼻環在四周走動，心情會極度煩躁，我不希望每次看到你都在不開心。等你年滿十八歲，如果穿鼻環對你來說還是很重要，那麼你可以決定自己是否要去打洞。」

雖然她對我的決定並沒有特別滿意，但是至少目前來看她似乎是接受了。

湯尼

我十四歲的兒子——保羅會在家裡走來走去，好像住在另一個世界一般。如果我要求他去做某件事，他會說：「當然沒問題，爸。」然後就沒有下文了。左耳進右耳出。所以上週我進行了兩次「出人意料」的技巧。

第一次，我使出吸血鬼德古拉伯爵的聲音說話：「我希望你把垃圾拿出去。」他抬頭看著我並眨眨眼。我接著說：「而且不要讓我等，等待會令我失控！！！」

他大笑並說：「好吧，那我最好趕快去做。」

第二次，我注意到有個吃剩的早餐穀片碗在他房間的地板上。我指著碗並用我正常的聲音說：「保羅，你知道這是什麼嗎？」

他說：「知道啊，一個碗。」

我說：「不。那是一張派對邀請函。」

「一張什麼？」

「一張邀請所有鄰居的蟑螂前來保羅房間開派對的邀請函。」

他笑出聲音。「好吧，爸，我聽懂你的暗示了。」然後他拿起碗來去放到廚房。我知道「搞笑」不代表總是有用，但是當它有用時，真的很好用。

麥克

我的女兒這週跟我說了一件令我震驚的事情。她說：「爹地，我要問你一些事情，但我不希望你發飆然後說不行。你只要聽就好。」

我說：「我在聽。」

「我十六歲的生日派對上，想要給大家喝紅酒。現在，在你太激動前，你必須知道很多跟我同齡的孩子都會在他們的生日派對上提供紅酒，這是一種讓派對變得特別的方式。」

她一定是看到我臉上不贊同的表情，因為她加強了她的攻勢。「好吧，可能不給紅酒，但是如果我連啤酒都沒有準備，沒有人會想來。其實我也不必提供，只要我的朋友們可以自己帶來就夠了。爹地，別這樣啦，這沒什麼大不了的。我發誓沒有人會喝醉，我們只是想要好玩一些。」

我真的很想立刻就說「不行」，但是我說：「珍妮，我感覺到這對你很重要。我需要認真考慮一下。」

當我告訴太太珍妮的希望，她馬上查看上週的工作坊筆記，然後指著溝通技巧。「寫下來。」她說：「如果你用寫的，她就會讀；如果你用說的，她只會與你爭辯。」

以下就是我寫給女兒的信：

親愛的珍妮：

你媽媽和我慎重考慮過關於在你的生日派對上提供紅酒的事情。因為下列原因，我們無法同意。

1. 在這個國家，提供酒精飲料給二十一歲以下的青少年是違法的。

2. 如果我們忽略這條法律，而某人從派對回家的路上發生車禍，我們身為你的父母親將會具有法律責任。更重要的是，我們自己也有道德責任，會感到遺憾。

3. 如果說換種方式，讓你朋友們自己帶啤酒過來，其實也代表我們默認「讓你們這些孩子破壞法律也沒關係，只要父母假裝不知道發生什麼事即可」。這是個不誠實又虛偽的表現。

你的十六歲生日是個里程碑。我們再來討論看看如何以安全、合法又有趣的方式讓大家一同慶祝吧。

愛你的爹地

我把信塞在她的門縫底下。她一直沒有提到那封信，但是那天稍晚，她與她的朋友們講完電話後，她帶著幾個「可能可以彌補沒有『真正』飲料」的提議來找我們——貓王演員、卡拉 OK 派對，或找一位算命師。

雖然一切仍在討論階段。但是我太太和我確定了一件事，無論最後決定如何，我們那晚都要在場。我們聽過有時候孩子會溜出派對去他們的車子裡拿幾瓶偷帶來的酒，然後帶著微笑和無辜的神情回到派對上。我們也聽過孩子帶著自己的水壺前去派對，只是裡面裝的其實是伏特加或琴酒。不過我們不會干擾派對，我們會試著不引人注意，同時持續留意情況。

琳達

記得我說過我要把插圖貼在衣櫥的門內嗎？我的確這麼做了，而且這真的帶來很大的幫助。這週在每個我快要破口大罵孩子的時刻，我會先走到房間裡面，打開衣櫥，瀏覽一遍那些插圖，就算我遇到的跟插圖境遇不同，還是能從中想到一個比大罵更好的辦法去處理。

然而上週五我的兒子來不及上學，代表著我上班也會跟著一起遲到。那次我就沒有克制住自己：「你已經十三歲了，怎麼還是這麼沒有時間觀念。為什麼你總是這樣對我？我幫你買了個新手錶，你有戴過嗎？沒有。而且你竟然敢在我跟你說話的時候走開！」

他停下腳步，看了我一眼然後說：「媽，去看看你的門！」

快速提醒

獲得青少年的合作

與其命令（「把那個音樂關掉！我是指現在！！」），你可以：

※**描述問題：**「當音樂太大聲時，我無法思考或和他人對話。」

※**描述你的感覺：**「它讓我的耳朵不舒服。」

※**提供資訊：**「經常暴露在大聲的音量中會損害一個人的聽力。」

※**提供一個選擇：**「你想要怎麼做——是調到最小聲還是調小聲一點並關上你的房門？」

※**用一個字表達：**「音量！」

※**陳述你的價值觀與／或期待：**「我們都需要顧慮到其他人對音樂音量的容忍度。」

※**出人意料：**用雙手摀住你的耳朵，做出將音量調小的動作，雙手抱拳並鞠躬表示感謝。

※**用寫的：**對一群人來說，這麼大聲的音樂可能很酷，但是對只有我和你而言，真的太太太大聲了！！！

第三步

處罰還是不處罰？

我們第三回的課程尚未開始。大家仍然以小團體的形式認真地對話，零星的句子飄進我的耳朵。

「她做完那件事後，我要將她禁足到這個月結束！」

「所以我告訴自己，不要再扮演好好先生了。我對孩子們太寬容，這次他將要受到處罰。」

好吧，我自己在想，雖然還沒談到處罰，聽起來有些人好像早就有準備了。

我說：「蘿拉、麥克，你們願意讓我們所有人都加入談話嗎？看看你們的孩子是做了什麼讓你們如此生氣？」

蘿拉氣急敗壞地說：「我不只是生氣，我還擔心的不得了！凱莉照理說應該六點抵達她朋友吉兒的生日派對，但是七點時我接到吉兒母親的電話：『凱莉在哪裡？她知道我們必須在七點半抵達保齡球館。邀請函上有註明。現在我們所有人都穿好外套等她。』」

「我的心跳開始加速，回答：『我不清楚。她出門好久了，應該早就到了。』吉兒的媽媽說：『這樣啊，我想應該沒什麼需要擔心的，只是希望她快點到我們這邊，』然後就掛上電話。」

「我逼迫自己先等個十五分鐘後才打過去。這次是吉兒接的電話。『凱莉還沒到，而且我今天在學校還提醒過她別遲到。』」

「現在我真的開始恐慌了。駭人的影像在我腦海中閃過。坐立難安二十分鐘之後，電話響了，是吉兒的母親：『我猜你會想知道凱莉最後總算趕到了。原來她在路上遇到了一個男孩，跟他聊天聊到忘記我們在等她。我只希望我們不會錯過保齡球館的訂位。』」

「我為我的女兒道歉並感謝吉兒媽媽的來電。當凱莉回到家後，我馬上嚴厲地責罵她：『你知道你害我經歷了什麼嗎？你怎麼會這麼不替人著想？這麼不負責任？你從來都只想到自己。今天是吉兒的生日，你有想到身為朋友的義務嗎？沒有！你在乎的只有男生和自己愛玩。好吧，你聽好，愛玩的時間結束了，接下來這個月你哪裡都不准去！而且別想我會改變心意，我絕對不會。』」

「這就是我那時對她說的話。但是現在我不是很確定……是不是對她太嚴厲了。」

麥克說：「對我而言，凱莉的行為確實值得那樣的處罰。我的兒子也一樣。」

每個人都轉頭看向他，某人問到：「發生了什麼事？他做了什麼？」

麥克回答：「是他沒做什麼，其實就是他的回家作業。自從傑夫加入足球隊後，足球就是他關心的一切。每天他都因為練球而晚回家，晚飯後就關進房間裡，當我問他作業做得完嗎，他說：『爸，你不用擔心，我都安排好了！』」

「結果星期天當傑夫外出時，我經過他的房間，然後注意到有封信掉在他的房門附近。我撿起來並看見收信人是寫我。信被打開過，而且日期顯示為一星期前寄送的。你們猜怎樣？那是一封來自他數學老師的警告通知。傑夫好久沒交作業了，而且是過去兩週完全都沒有交，所以我整個人勃然大怒。」

「當他一走進家門，我就在那裡等著他。我拿出那封通知並說：『你對我撒謊作業的事。你擅自打開寄給爸爸的信，而且你完全沒有給我看這封家長通知。好吧，先生，我在這裡跟你宣布，接下來到學期末你都不能踢足球了，我明天就會打給教練。』」

「他說：『爸，你不能對我這樣！』」

「我說：『傑夫，我沒有對你怎樣，是你害到自己。好了，別再說了。』」

蘿拉問：「所以真的沒有商量餘地嗎？」

「我兒子不這麼認為，他整個星期都在想辦法讓我改變心意，我太太也是。」麥克意味深長地看了妻子一眼。「她認為我太嚴格了，不是嗎，親愛的？」

「那麼你認為呢？」我問麥克。

「我想傑夫知道我是認真的。」

湯尼附和：「沒錯，有時候處罰是唯一讓孩子表現得好──更負責任的方法。」

「我懷疑，」然後我詢問團體：「處罰可以讓孩子更有責任感嗎？花點時間想一想，同時回想自己成長時的經驗。」

第一個回應的是凱倫。「處罰使我更不負責。當我十三歲時，我的媽媽抓到我在抽菸，所以罰我不准打電話。結果我只是更常抽菸，但是會躲在沒人可以看到的後院做這件事，接著我會進到屋裡刷牙，然後帶著大大的笑容說：『嗨，媽咪。』我就這樣逃掉了多年的處罰。不幸地是，我現在仍戒不了菸。」

湯尼說：「我不知道，因為照我的想法，總有一個必須處罰的時間點。以我為例，我是一個壞孩子。我們那一夥人總是惹出很多麻煩。我們是一群不受控制的青少年，其中一人最後還進了監獄。我發誓，如果我爸沒有因為我做的某些事而處罰我，我不知道今天會變怎樣。」

喬恩說：「而我不知道今天自己會變怎樣，如果沒有接受一段治療來幫助我解開過去受處罰的陰影的話。」

湯尼因為她的說法而甚感震驚，他對她說：「我不明白。」

喬恩解釋：「我的父母雙方都相信如果孩子做錯了某件事，而你不處罰她，那你就不是一個盡責的家長。他們總是對我說，處罰我是為了我好。但是處罰真的沒有為我帶來好處。我變成一個憤怒、憂鬱，對自己毫無自信的青少年，而我在家中卻沒有任何人可以傾訴，所以我感覺非常孤單。」

我發現自己在嘆氣。大家剛才所描述的事情都是處罰常見的附帶結果。沒錯，有些孩子會因為處罰變得沮喪，感覺自己沒有能力，然後開始對自己喪失自信。

然而，有些孩子，像是湯尼，深信自己真的很「壞」，為了變「好」就必須受到處罰。

當然有些孩子，像是凱倫，會非常生氣和忿恨，他們會持續從事不對的行為，只不過是採取另一種避免被抓到的方式。他們不會變得更誠實，而是變得更小心、更偷偷摸摸和更狡猾。

不過處罰是一種被廣泛接受、受人喜愛的管教方式。事實上，許多父母將管教與處罰視為一體。我該如何分享，自己認定在一段有愛的關係裡其實不需要處罰的信念呢？

我大聲問道：「如果我們因為某種原因而被迫將處罰從管教工具中排除，那麼我們會感到完全無助了嗎？我們的青少年會佔上風統治一個家嗎？他們會變成不受控制、缺乏紀律、只顧自己、沒有是非對錯且絲毫不尊重父母的壞孩子嗎？抑或有處罰以外的其他方法可以激勵我們的青少年做出負責任的行為呢？」

我在黑板上寫出：

處罰的替代方案

- 陳述你的感受
- 陳述你的期望
- 告知如何做出改善
- 提供選擇
- 採取行動

我詢問蘿拉和麥克是否願意將這些技巧應用在他們孩子目前的狀況上，他們都同意接受這項挑戰。接下來幾頁的插圖中，提供大家在這情境該如何運用新法則來解決困難。首先我們來檢視蘿拉可以如何排除她女兒凱莉因為不重視時間，導致家長非常擔心的狀況發生。

處罰的替代方案

陳述你的感受

陳述你的期望

告知如何做出改善

提供選擇

但是假如凱莉依然故我呢？假如媽媽又接到另一通「凱莉在哪裡」的電話呢？那麼下次當凱莉想去拜訪朋友時，媽媽可以：

採取行動

媽，吉兒打來。她要我過去一趟。
今晚不行。
為什麼？這樣太卑鄙了吧！只是因為上次的關係嗎？
沒錯。
好吧，好吧…那我現在可以去嗎？
今晚不行。我需要一個不用擔心的夜晚。
那我什麼時候可以去？
在我看到一張手寫的、可以令我放心的計畫之後。

團體翻看過後大感震驚，各種想法接踵而來：「一開始說用替代方案代替處罰時，我很擔心只是某種『和藹可親』的方式，以為就是讓家長稍微責罵孩子一下，然後整件事就過去了。但是這個方案其實強而有力，利用說出自己的感受和期望，並且提供孩子一個為自己行為負責的方法。」

「而且你沒有很刻薄或嚴厲，讓這個女孩感覺自己像個壞人。反而用堅持但卻尊重方式，尊重她也尊重你自己。」

「沒錯，你是父母並非敵人。你站在孩子這邊，但是你幫她把自我標準提高。」

「然後向她展示如何達到。」

「而且你沒有傳遞出『我的權力大過你。我不會讓你做這個……我要拿走那個。』反而是把權力交回青少年。發球權在凱莉手上，由她來決定自己可以怎麼做以還給媽媽一個平靜的心靈——像是如果她遲到可以打電話，到達目的地後再打一通，然後回家前一定要再打一次。」

蘿拉雙手抱頭苦惱著說：「很難說。在這裡和大家一起練習時，自己感覺很行沒問題，但是回家面對真實狀況時，不知道會出什麼事？這些方案對父母的要求很高，代表我要表現出完全不同的態度。老實說，處罰一個孩子真的會簡單許多。」

「對那個時間點來說是容易許多，」我同意的說：「不過如果你的目標是幫助女兒去承擔責任，同時與她維持友好的關係，那麼用處罰模式就會弄巧成拙。」

「但是蘿拉你說到一個重點。這些方案的確需要轉變我們的思考，我想我們應該做更多的練習，讓我們來看看這些技巧可以如何應用在麥克與他兒子的問題上。」

處罰的替代方案

陳述你的感受

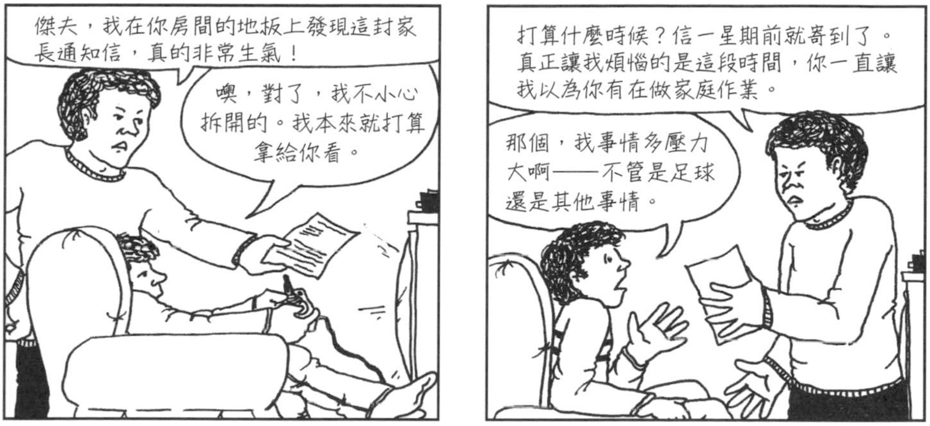

陳述你的期望

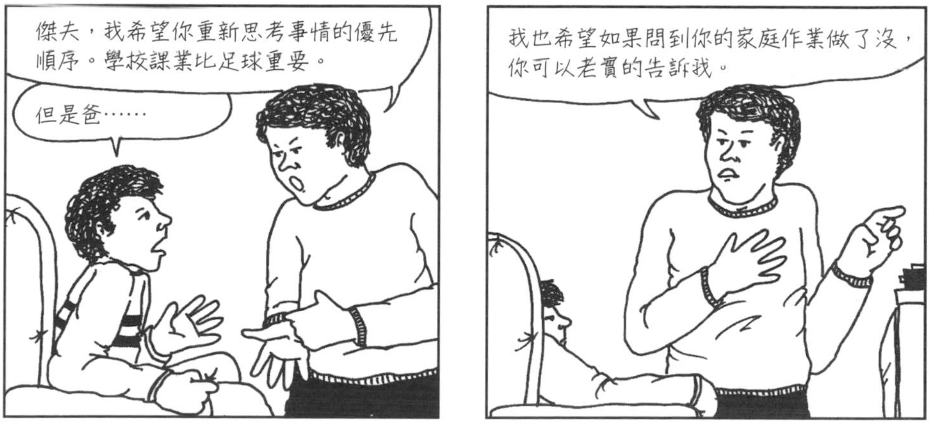

告知如何做出改善

提供選擇

萬一傑夫開始完成他的回家作業，補完遲交的功課後，學校課業又再次一點一點的退步該怎麼辦呢？那麼爸爸可以：

採取行動

傑夫，你的數學老師打來。他說上週你沒有交回任何作業。
因為教練把我們留到很晚。
所以你的足球練習又干擾到學校作業。
對，但是……
這就是為什麼我希望你暫停足球一陣子。
爸你不能這麼做！團隊需要我。
足球隊可以保有你——只要你追上所有進度，嚴守兼顧學校作業和足球練習的時間表。

湯尼搖了搖頭。「我可能錯過了一些重點，實在看不出『採取行動』與處罰傑夫之間有什麼不同。不論哪種方式，他的父親都要他離開足球隊。」

「等等，我想我總算開始理解了，」蘿拉邊說邊轉向湯尼：「當你處罰一個孩子，也就是關上了他的門，他沒有其他地方可以去。這就是一個沒有討論空間的處理方法。但是當你採取行動，孩子可能不喜歡該行動，但是那扇門仍然敞開。他還是有機會，可以正視自己的所作所為並嘗試修正。他可以把『錯的』變成『對的』。」

我說：「蘿拉，我喜歡你理解的方式。我們採取行動的目標不只是結束一個不被接受的行為，還要提供我們孩子一個從中學習自己錯誤的機會，一個改正他們錯誤的機會。處罰可能會停止該行為，但是也可能因此阻止了孩子學到自我修正。」

我看了湯尼一眼，他看起來仍然很懷疑。我繼續說下去，決心要讓他明白。「我猜一個剛被禁足一週的青少年不會躺在他的房間內，心裡想著：『哇，我真幸運，有這麼好的父母教了我寶貴的一課，我絕不會再犯！』這位年輕人心裡更有可能在想著：『他們很壞』或『他們不公平』或『我恨他們』或『我要報復』或『我要再做一次——只是下次我要確定不會被抓到。』」

整個團體現在都專注的在聽，於是我試著總結：「就我看來，處罰的問題在於它太容易讓一位青少年忽略了自己的錯誤行為，反而只注意到他的父母是多麼不可理喻。更糟的是它剝奪了孩子可以變得更成熟而需做到的——更負責任。」

「在一個孩子犯規後，我們希望會發生什麼事呢？我們希望他能檢視自己到底做錯了什麼、他能了解為什麼那樣是錯的、他會後悔自己的所作所為、他會想出辦法確保不會再犯、還有他能認真思考自己可以如何改善。換句話說，**為了讓改變真實發生，我們的青少年需要有他們處理情緒的家庭作業，而處罰卻會干擾到這重要的步驟。**」

教室一片寂靜。大家在想什麼呢？他們仍然有疑問嗎？我解釋得夠清楚嗎？他們能夠接受剛才聽到的解釋嗎？我看了看手錶，時間很晚了，於是我說：「我們今晚的工作量已經夠多了，下禮拜見。」

湯尼舉起手說：「最後一個問題。」

我點頭：「請說。」

「萬一使用了所有我們今晚練習的技巧，但是孩子仍然沒有表現良好呢？假設孩子不知道如何進行你所謂的『自我修正』呢？那又該怎麼辦？」

「這就是一個問題需要更多心力處理的警訊。說明問題比你表面上看來的更為複雜，你需要給更多的時間並蒐集更多的資訊應付。」

湯尼看起來很困惑：「怎麼做呢？」

「就去解決問題。」

「解決問題？」

「這個過程我們將在下週討論。我們會探討如何讓父母與孩子一起合作、探索合作的可能性及一起解決問題的方式。」

湯尼那晚首次露出笑容。他說：「感覺很棒，我絕不會錯過這樣的聚會。」

故事

下週的聚會上，有多家長報告他們如何運用替代方案取代處罰孩子的新技巧。

第一個故事是由湯尼講述，關於他十四歲的兒子——保羅。

湯尼

保羅和他的朋友馬特從車道上氣喘吁吁地跑下來，笑得合不攏嘴。我問：「嘿，發生什麼事？」他們說：「沒事。」然後互看對方並大笑出聲。接著馬特小聲地跟保羅說了些事後就離開了。

我問保羅：「他跟你說了什麼不能告訴我的事？」他沒有回答。所以我說：「只要告訴我真相，我就不會處罰你。」

最後，我從他那得知實情。他和馬特騎腳踏車到社區游泳池游泳，但是那晚游泳池沒有開放。他們嘗試了所有的門，發現其中一扇未上鎖，所以就從那扇門溜了進去。接著，他們打開全部的燈並且到處亂跑、狂歡、翻倒所有躺椅、把靠墊丟得到處都是——包括游泳池內。這對他們而言就只是開一個大玩笑。

我孩子很幸運，因為我保證不會處罰他。相信我，當我聽到他幹了什麼好事後，腦子裡只想處罰他——減少他的零用錢、沒收他的電腦、永久禁足——任何可以抹除他臉上白癡笑容的事情都好。

我說：「保羅，你聽我說，我是認真的。剛才你做的事有一個稱法，那就是破壞行為。」

他臉色轉變成赤紅，大叫著：「我就知道不應該告訴你。我知道你一定會大驚小怪。我們又不是偷了什麼東西或尿在泳池裡！」

我說：「幸虧沒有。但是保羅，這件事很嚴重。這個社區中有許多人辛勤工作才能賺取足夠的錢來建造一座泳池給他們的家人使用。他們為自己感到驕傲，而且也非常努力地去維護它。而且，那座泳池正好是你學會游泳的地方。」

保羅說：「你說這些是想怎樣？讓我覺得愧疚嗎？」

我說：「沒錯，因為你做的事情是錯的，而你現在需要改正。」

「你想要我怎麼做？」

「我想要你現在回到泳池，然後把所有東西都恢復原狀。」

「現在?!……老天，我才剛回到家！」

「是的，現在。我會載你過去。」

「那馬特呢？這是他的主意。他應該也要去！我來打給他。」

他真的打給馬特，但一開始馬特說：「才不要。」如果他的媽媽發現他做了什麼他就慘了。所以我接過電話，我說：「馬特，你們兩人一起做的，所以你們兩人必須一起收拾。我十分鐘後去接你。」

不管怎樣，我把孩子載回泳池。很幸運地，那扇門仍然沒有上鎖。整個地方像被轟炸過般。我告訴他們：「你們知道該做什麼。我在車裡等。」

大概二十分鐘過後，他們走了出來並說：「都整理好了。你想來看看嗎？」我說：「對，我想，」然後走進去檢查。

整個地方都收拾乾淨了。躺椅一張一張排列整齊，靠墊也被放回原來的地方。我說：「很好。一切看來正常。把燈關上我們就回家。」

回家的路上，孩子們很安靜。我不知道馬特怎樣，但是我認為保羅總算了解為什麼他不應該做出一開始的行為。而且我認為他很高興有個機會去進行你所謂的「修正改善」。

喬恩

當瑞秋回到家時，我正在準備晚餐。我看見她充血的雙眼和遲鈍的笑容，我知道她嗑藥了。我不確定是不是大麻，但是我希望不會是更糟的東西。

我說：「瑞秋，你嗑藥了。」

她說：「你總在想像我幹不好的事。」然後就進入她的房間。我只是站在原地，無法置信，因為這個孩子上個月才跟我透露：「媽，你要發誓不會告訴任何人。露易絲開始吸食大麻。你能相信嗎？實在是很可怕！」

我記得那時候自己在想感謝上帝，不是我女兒吸大麻。可是現在卻變這樣！我不知道該怎麼辦。

我應該禁足她嗎？禁止她放學後去任何地方？（特別不能去露易絲家！）強迫她從現在開始放學後就直接回家？不，那樣只會造成爭執和眼淚。此外，做法也不實際。

但是我不能假裝什麼事都沒有發生，而且我知道無論她服用或吸食了什麼，在藥效結束前嘗試跟她討論只是徒勞無功。另外，我需要時間去思考。我應該告訴她我青少年時期的親身經歷嗎？如果我說了，我應該告訴她到什麼程度？這樣做會幫助她了解嗎？或者她會用我的經驗當藉口去把她做的事情合理化（「你做過而且也沒事」）？不管怎樣，接下來幾個鐘頭，我想像了許多和她之間的對話。最終，晚餐過後，當她似乎比較清醒時，我們進行了談話。以下是真實的對話：

「瑞秋，我不是要你跟我告解，但是我看到了某些證據，而且我也知道發生了什麼事。」

「噢，媽，你太誇張了！只是一丁點大麻。不要告訴我你在我這個年紀從來沒有嘗試過。」

「事實上，我那時大多了。是十六歲，不是十三歲。」

「你看吧……你還不是好好的。」

「我那時過得並不好。我的老朋友，那些你所謂的『好孩子們』不再跟我交朋友了，而且我的成績一落千丈。結果是當我開始接觸大麻時，我完全不知道給自己惹上了什麼麻煩。我以為大麻無害，不像吸菸那麼不好。」

「那是什麼讓你停止的呢？」

「貝瑞．吉佛德，我班上的一個男生。他參加完一個每個人都在嗑藥的派對後，回家的路上開車撞到了路樹。不管怎樣，貝瑞因為脾臟破裂而入院。幾天後，我們所有人都必須參加了解毒品計畫，他們遞給我們一些宣導手冊。從那時候起，我決定毒品不值得賠上我的人生。」

「噢，他們很可能只是嚇唬你們的。」

「我最初也是這麼想。但是當我讀完整本冊子後，有些是我已經知道的，但卻還有一大堆我不知道的資訊。」

「像是哪些？」

「像是你吸食大麻後，效果會停留在系統中樞多天，所以會混亂你的記憶力和協調性，甚至是月經週期。還有它對你的影響甚至比香菸更糟糕。我完全不知道大麻比菸草具有更多致癌的化學物質，這點令我實在很驚訝。」

瑞秋突然看起來很擔心。我環抱住她並說：「我的女兒，如果我可以，我會每天時時刻刻跟在你身旁，確保沒有人給你或賣你任何可能傷害你的東西，但是要那麼做其實很不切實際，所以我必須依靠你運用智慧去保護自己，避免所有外來的垃圾。我相信你可以，我相信你會做出對你人生正確的選擇——無論多少人對你施加壓力。」

她看起來仍然很擔憂。我給了她一個大大的擁抱，然後這件事就到此為止，我們沒有繼續談論更多。我想我說的話產生了影響，但是我不想心存僥倖。孩子們會跟父母撒謊關於毒品的事情（我知道——我做過），所以即使認為窺探孩子不太好，我想我每隔一段時間還是會檢查她的房間。

蓋兒

我十五歲大的兒子奈爾問我，他從小就玩一起的朋友朱莉可不可以在週六住我們家一晚，她的父母要出城參加一個婚禮，本來是她的祖母要過來陪她，但是生病了所以無法過來。

我想有何不可？我的小兒子週末會在他爸爸那邊，所以朱莉可以睡他的房間。當然我問過朱莉的媽媽是否同意這樣的安排，她媽媽立刻接受，並且對我能夠照看她女兒一晚感到放心。

當朱莉到來時，我帶她看晚上她要睡的房間，然後我們三人吃了一頓美味的晚餐並一起看影片。隔天早上，朱莉的媽媽打來說她回到家了，要跟朱莉講電話。我上樓找她。她房間的門半掩著，而床鋪沒有睡覺過的痕跡！我前一天擺放好的枕頭仍然維持在相同的位置。我站在那裡震驚不已時，聽見奈爾的臥室傳來大笑聲。

我用力拍打他的門，並且大聲地說朱莉的媽媽在電話上要跟朱莉說話。

當門總算打開後，朱莉走了出來，看起來慌張和困窘。她迴避我的眼睛，跑下樓去接電話，接著跑回樓上拿她的背包，跟我道謝後就回家了。

她一離開，我就爆發了。「奈爾，你怎麼能這樣對我!?我對朱莉的媽媽保證我會對她負責。她會很安全且受到保護！」

奈爾說：「但是媽，她……」

我打斷他。「不要對我說『但是』，你做的事情是不可原諒的。」

「但是媽，什麼事都沒有發生。」

「噢對。兩個青少年整晚躺在同一張床上，然後什麼事都沒發生。你一定認為我是笨蛋。我要告訴你，下週末你別想和班上的同學一起去滑雪旅行了。」

我是認真的，而且我認為他的確應該得到這個處罰。接著我離開他的房間，如此一來我就不必聽他忿忿不平地抱怨我是多麼的不可理喻。

幾分鐘後我改變了心意。禁止奈爾參加滑雪旅行怎麼可能幫助他明白自己做錯了什麼呢？所以我走回他的房間說：「奈爾，忘了我剛才說關於滑雪旅行的事。我其實是想說：我知道性是生活中正常、健康的一部分，但事實上父母們會擔心自己的孩子涉及到性。我們擔心女兒會懷孕、擔心兒子成為父親，也擔心愛滋病和其他所有……」

他沒讓我說完就回話：「媽，夠了！我不用上性教育的課。我知道全部的相關資訊。而且，我一直試著跟你說，什麼事都沒有發生！我們只是躺在床上看電視而已。」

好吧，無論他們是否有發生什麼事，我決定要往好處想。於是我說：「我很高興聽到這個答案，奈爾。因為當你邀請朱莉來我們家住一晚時，你就承擔了一個責任——對朱莉和她媽……還有我。這是一個必須兌現的責任。」

奈爾什麼都沒說，但是從他的表情來看，我知道我說的話有打中他的心。這樣對我來說就足夠了，我可以不再提起這個話題。

吉姆

當我們買了一台新電腦時，我太太和我以為我們的防護已經做到滴水不漏。我們把電腦放在起居室（儘管十二歲的妮可反對，她努力說服我們把電腦放在她的房間）；我們安裝了所有最新的過濾軟體（因為聽說至少有三百萬個色情網站，兒童可能會意外點入）；我們還大約制定了一張使用電腦的時間表，以符合家中每個人的需要，明確讓妮可知道，晚上九點後電腦只能用於學校作業或與朋友聯絡。

聽起來很完美，不是嗎？結果幾天前，我在半夜醒來，看見起居室亮著燈，於是起床想把燈關掉，卻發現妮可黏在電腦前面。她非常地全神貫注，甚至沒有聽見我的聲音。我站在她身後閱讀螢幕上的訊息：「寇特妮，你看起來好可愛、有趣和性感。我什麼時候可以和你見面？」當她發現我的那一秒，她打上「pos」（我之後才學到意指「父母在身後（parent over shoulder）」）然後就關掉了視窗。

我渾了一把冷汗。我聽過太多新聞報導說到年輕女孩與男網友見面會發生的事情。男孩會讚美她，告訴她他們有多少共通點，讓她感覺自己很特別，慢慢地女孩會同意與他見面，結果網友並非什麼可愛的青少年，而是某個老男人，一個變態，誰知道他會對她做出什麼事。

我說：「妮可，你以為你在做什麼？你知道這樣有多危險嗎？我應該永久剝奪你使用電腦的權利！」

她立刻為自己辯解。她說我根本不需要這麼激動，她只是想試試好玩而已，她甚至沒有用真實的名字，而且她絕對聰明到能夠區辨一個變態和正常人之間的不同。

我說：「妮可，聽我說。你絕對沒有辦法區辨不同之處！最可怕的變態可以讓自己聽起來完全正常且富有魅力。他們完全知道如何使一個年輕女孩上當。他們已經試過許多次。」然後我告訴她，我要她的密碼，因為從現在起，她媽媽和我會定期檢查她上了哪些網站。

這時她的反應是什麼？說我不信任她……我沒有權利……我剝奪了她的隱私等等。但是等我說完我聽過的那些恐怖故事，說那些「正常」男性其實是跟蹤者、綁架犯、強姦犯或更糟糕的變態之後，她只能用微弱的聲音說出：「這個嘛，你不能相信聽到的每件事。」

我猜她這麼說只是想保住自己面子，但是我想孩子內心的一部分還是有感受到父親對她的關照，而且沒有到逼迫管教。

快速提醒

處罰的替代方案

青少年：你發誓過會戒菸，但是你仍然在抽！你是一個騙子。你太自以為是了。

父母：你亂說話，這週末不准出去！

不如：

※**陳述你的感受：**「你這樣說讓我很生氣。」

※**陳述你的期望：**「當我試圖戒菸時，我期待的是兒子的支持，而非攻擊。」

※**提供選擇：**「辱罵會傷人。你可以告訴我，用什麼方法可以幫助我戒菸，或者你可以用寫的。」

※**告知如何做出改善：**「當你發現自己說話冒犯了人，道歉是個好主意。」

但是如果青少年持續發表不尊重你的言論呢？

※**採取行動（同時你離開房間）：**「對話結束了。我不想繼續聽你的侮辱。」

第四步
一起解決問題

凱倫在大家尚未就座前就先發言：「我等不及今晚的課程了。如果記得上週湯尼問過，任何一種替代方案試過都沒效該怎麼辦嗎？你說到要去解決問題。好吧，我在處理史黛西的行為上遇到了大麻煩，完全不知道該如何解決。」

我說：「還好你不必一個人面對解決。今天你們要學習的五步驟方法會告訴父母如何和青少年坐下來一起解決問題。」

蘿拉驚叫：「坐下？誰有時間坐下？在我家大家總是匆匆忙忙趕著去某個地方。我們都是在忙個不停的情況下和對方談話。」

我說：「現在大家過的生活的確都很忙亂，要找出時間並不容易。然而，時間是這個過程的必需品。如果你們其中一人在趕時間或心神不寧，就無法一起有創意的進行思考。為了讓這個方法能夠產生結果，最好等到雙方都處於平靜狀態的時候。」

湯尼說：「是這樣沒錯，但是你讓孩子知道你想要跟他談論關於你不喜歡他做某件事的那一秒開始，無論你有多麼平靜，他也不可能平靜。」

我說：「關於這點，做法正是因為你提出孩子問題後的第一步，必須是請你的孩子說出他或她的想法，而你必須先暫時擱置你自己的感受，仔細聆聽她說的話。一旦她知道她的觀點有被聽見且了解，她才比較有可能去聽你接下來要說的話。」

凱倫不耐煩地問道：「然後呢？」

我回：「然後就是你們兩人同心協力去試著找出雙方都能接受的辦法了。我以我家的一個例子來說明。」

「我兒子十四歲左右時，他發現了重金屬音樂。他會播放那種音樂——如果那可以稱為音樂的話——大聲到連窗戶都在震動。我請他關小聲一點，他沒有動作。我大聲叫喚他調小聲一點，還是沒有動作。我嘗試了所有課堂上讓青少年配合而討論過的技巧：描述法、提供資訊法、提供選擇法、寫字條法……我甚至使用幽默感。我認為自己非常有趣，但是他卻不這麼認為。」

「有一晚，我喪失了冷靜，衝進他的房間，把錄音機的插頭拔掉，然後威脅說要永遠把機器沒收。隨後你們可以想像就是類似吵架比賽開始。」

「那晚我很難入睡。隔天我決定要嘗試一種尚未使用過的方法——解決問題法。我等到早餐後才冒險提出這個話題。但是我一說到「音樂」這個字，他就開始有防禦。他說：『噢，不，不要再提這件事！』我說：『沒錯，又是那件事。只是這次我希望試著從你的觀點看待事情……我真的很想知道你的想法。』」

「聽到我這樣說，他感到訝異。他說：『早該是時候了！』然後說出他的實際感受：『我覺得是你太過敏感。音樂本身沒有你想的那麼大聲——這音樂就是要放得夠大聲才能感受到音樂節奏及聽到歌詞。即使你討厭重金屬音樂，但是它歌詞真的很棒。如果你有認真的去聽，可能你也會喜歡。』」

「我沒有與他爭辯。我認可他說的一切，然後我問他是否可以聽聽我的感受。」

「他說：『我了解你的感覺。你認為音樂太吵了。』」

「你說對了。我試著不要讓聲音干擾到我，但是它的確會。」

「那就戴耳塞。」

「我仍然沒有爭辯。我寫下來並說：『這是我們的第一種辦法！讓我們來想想還可以什麼能讓我們雙方都滿意的方式。』」

「接著我們想出了各式各樣的可能性——從他戴耳機、把他的房間加裝隔音設備、在他的地板上鋪地毯、調降音量到關上房間和廚房的門。」

「當我們檢視最終解決清單時，我們迅速刪除我用耳塞（我不想戴著耳塞四處走動）、他戴耳機（大聲的音量可能傷害他的聽力）和架設隔音設備（太貴）等辦法。然而我們都同意在他的房間鋪上地毯、關起門和調降音量——即使只是降一點點——都會有所幫助。不過結果他真正希望的是，我能與他一起聽他的音樂——『至少嘗試一下也好。』」

「所以我的確聽了，一陣子過後我大概能夠明白為什麼這種音樂會如此吸引他。我甚至開始理解，為什麼這種讓我喜歡不起來的歌詞，居然能滿足孩子的嗜好。我猜青少年是從這種能表達出他們的憤怒和挫折的歌詞中，得到了共鳴。」

「我有愛上他的音樂嗎？沒有。但是我的確變得更能接受了。而我覺得因為這樣願意花時間參與他的世界，他也變得更願意考慮到我。有時候他甚至會問：『媽，這樣對你會太大聲嗎？』」

「好了，這就是我的個人經驗。現在讓我們來看看，相同的方法該怎麼應用在你們大多數都很熟悉的情境中——髒亂、混亂、亂七八糟，或其他任何你會用來描述青少年房間的形容詞。」

眾人皆會意地大笑出聲。麥克說：「我叫它『垃圾場』。」

蘿拉接著說：「在我們家，我們稱之為『黑洞』。任何東西只要進去就永遠不會出來。」

「那你們是如何稱呼孩子的呢？」

從教室中傳來：「邋遢鬼」……「小豬」……「你像動物一樣生活」……「以你維持房間的方式，誰以後會想和你結婚？」

我打開我的公事包，一邊說：「這些是替代剛剛你們那種說話方式的解決辦法。」一邊發下處理解決問題過程（步驟化）的圖示。

接下來幾頁，大家會看到我發給家長團體的插圖。

一起解決問題

步驟 1

邀請你的孩子說出他的觀點

步驟 2

陳述你的觀點

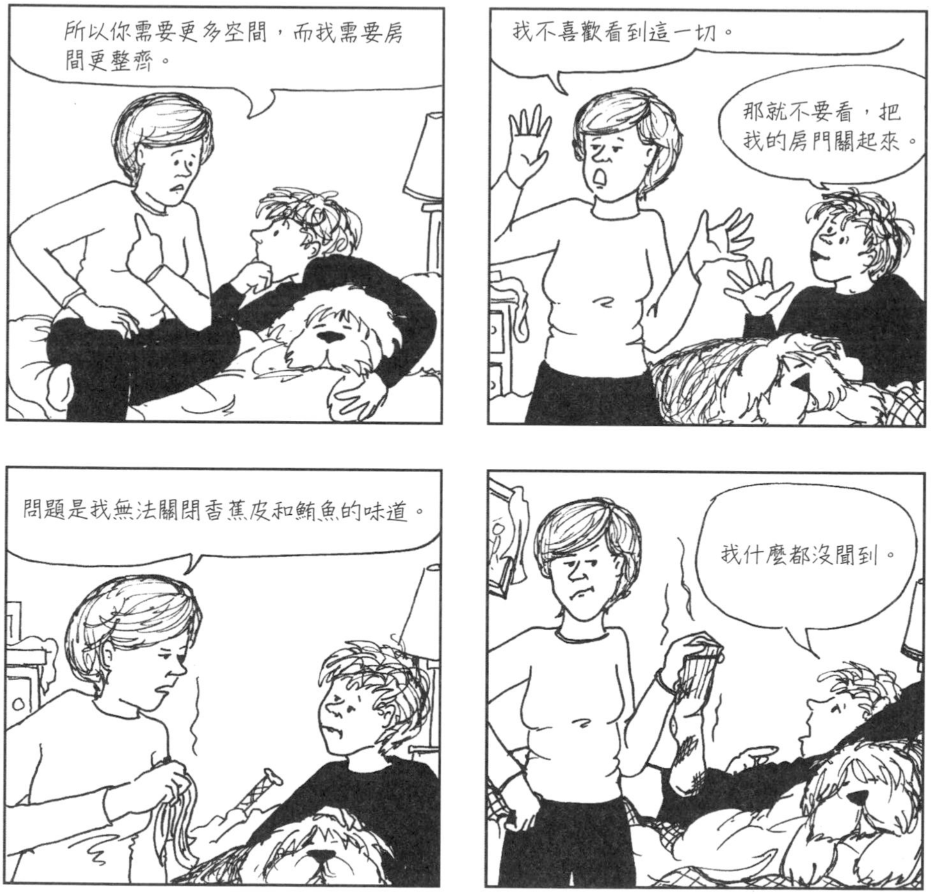
所以你需要更多空間，而我需要房間更整齊。
我不喜歡看到這一切。
那就不要看，把我的房門關起來。
問題是我無法關閉香蕉皮和鮪魚的味道。
我什麼都沒聞到。

步驟 3

邀請你的孩子與你一起腦力激盪

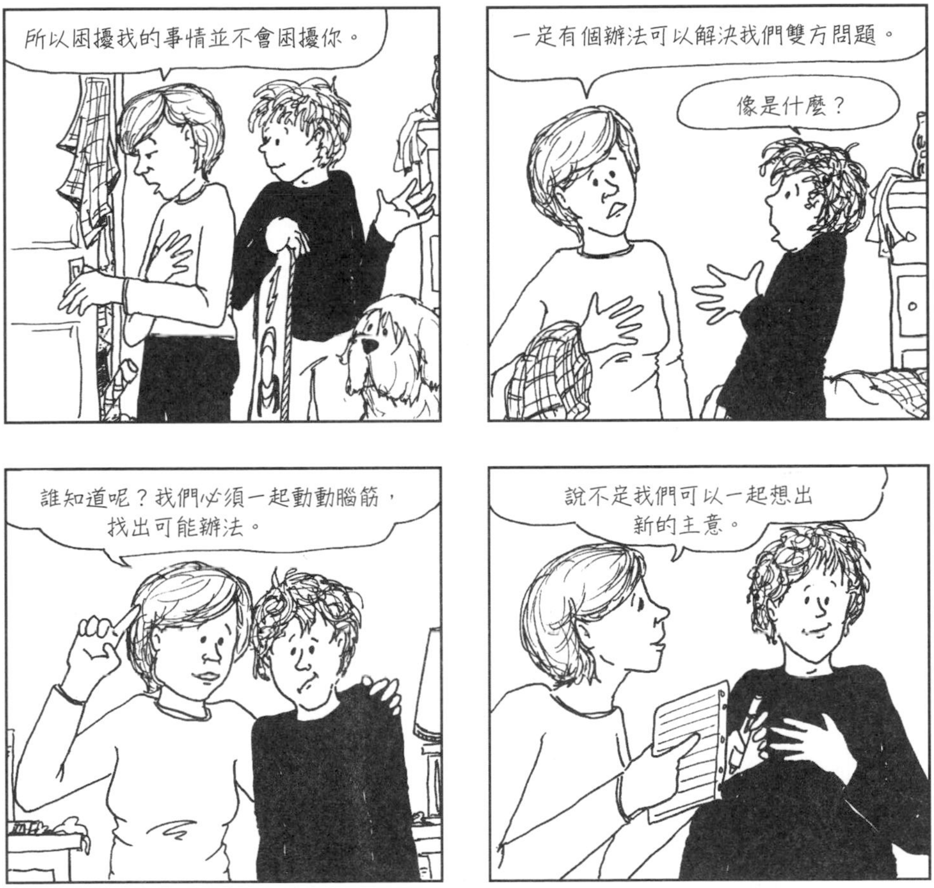

步驟 4

寫下所有想法——無論愚蠢或合理——不需要評估

步驟 5

檢閱你的清單：決定哪些辦法是你們雙方都同意的，以及如何實踐

凱倫說：「我不是故意來說反話，雖然這個方法看得出來對一個房間髒亂的孩子有用，但是畢竟房間亂不是嚴重的問題。史黛西這週做的事才真的讓我很擔憂，我知道我太過激動，導致情況變得更糟。這些似乎沒一個適用解決我和她的問題。」

蘿拉問：「她做了什麼事？別讓我們摸不著頭緒。」

凱倫深吸了一口氣。「好吧，是這樣的。上週五我先生和我出門吃晚餐看電影。我們出門前，十三歲的史黛西問說她的兩個女生朋友可不可以來家裡，我們當然說可以。那晚電影提早結束，當我們回到家裡時，我們看到兩個男孩從側門跑出去，我先生追在他們身後，而我就走進屋子裡。」

我打開門的那瞬間就知道出事情了。屋內的窗戶大開，整間屋子像冷凍庫一樣冷，所有地方都可以聞到菸味，而史黛西和她的女生朋友們則在廚房裡把啤酒罐塞進垃圾袋底部，上面用報紙將罐子蓋住。

「她一看到我就說：『這不是我的錯。』」

「我說：『我們等下再談。』然後請她的朋友先回家。她們離開我家的那一秒，史黛西就開始告訴我整個故事，並且給我各式各樣的藉口。」

「我告訴她我不相信，說了她明明知道家的規矩卻仍刻意破壞。然後我讓她知道她父親和我還沒決定要如何處罰她。所以我今晚會來這裡聽課。說到解決問題？我不知道，我真的不清楚那會有什麼幫助。」

我說：「除非我們嘗試，否則我們不會知道。你願意和我進行角色扮演嗎？」

凱倫看起來不太確定。「那我要扮演什麼角色？」

「都可以。」

她想了一會兒。「我想我應該扮演史黛西。因為我知道她會說出什麼話。那我要如何開始呢？」

我說：「既然我是你的媽媽，而且我是擔心這個問題的人，所以由我來開啟對話比較適合。」

我把椅子拉到凱倫身邊。「史黛西，我希望你現在有心情聊一下，我們需要談昨晚的事。」

凱倫（現在是史黛西）頹坐在椅子上並翻了個白眼。「我有嘗試跟你說了，但你又不願意聽！」

我說：「我知道，你也覺得很挫折，我現在可以好好聽你說的話。」以下是我們雙方的持續對話：

史黛西：我說過了，我沒想到那些男孩會過來。我甚至不認識他們。他們年紀比較大，我上的課都跟他們沒有交集。

母親：所以那些男生完全出乎你意料之外。

史黛西：沒錯！當我幫潔西和蘇開門時，就看見那兩個人站在她們身後。我並沒有邀請他們進入。我告訴潔西，如果我讓他們進來，你們會非常生氣。

母親：所以你非常明確地告知你希望他們離開。

史黛西：對，但是他們說他們只會待幾分鐘。

母親：然後你以為他們是說真的。

史黛西：對啊，而且你知道嗎，我從沒想過他們會抽菸或喝酒。當我告訴他們不可以的時候，他們還大笑。我甚至不知道潔西會抽菸。

母親：所以你的確有努力制止他們，但是不論你說了什麼，沒有人聽你的話。你的處境很為難。

史黛西：我真的很為難！

母親：史黛西，對我來說回到家看見有男孩跑出家門，然後在屋裡聞到菸味，還在垃圾中發現啤酒罐，只有震驚兩個字可以形容。

史黛西：但是媽，我才告訴你這不是我的錯！！

母親：我現在明白了。但是我想要確保這種事情絕對不會再次發生。對我來說最大的問題在於讓你邀請朋友過來時，有沒有感覺自在，同時你爸爸和我也能相信家裡的規矩有好好被遵守——無論我們人是否在家。

史黛西：媽，這不是什麼大問題。我只要做到去告訴蘇和潔西，當你們不在家時，她們不可以帶任何男生過來。

母親：好，我會寫下來。這是我們意見表上的第一個建議。現在我有個想法：在大門上裝個貓眼。這樣一來你在開門前就可以看見誰在外面。

史黛西：還有如果任何人想要抽菸，我就告訴他們必須去外面抽。

母親：我們可以製作一些禁菸標誌，把它們放置在家中的各個角落。你可以告訴所有人是你媽媽逼你做的……還有什麼想法呢？

凱倫突然離開了史黛西的角色。「我懂了……我知道我們角色扮演還沒結束，而且我知道我們應該檢視完所有的建議並且決定哪些最好，還有所有其他步驟，但是我必須說出口，當我扮演史黛西時，我發現了什麼。很神奇地，我感覺非常受到尊重……我的媽媽真的有在聽我說話……對她說我的真實感受不會有事，她不會破口大罵打斷我說的話……而且我也可以有智慧的提出一些辦法，感覺我媽和我是一個真正的團隊。」

我對凱倫笑了笑。她用自己獨有的方式表達出我希望傳達給大家的核心概念。

我感謝她如此投入她的角色並且願意與我們分享她的內在歷程。好幾個人為她鼓掌。

凱倫對著他們笑了，並說：「先不要鼓掌，最盛大的表演還沒開始呢。現在真正的母親必須回家面對真實的史黛西了。大家祝我好運吧！」

四面八方傳來加油打氣聲：「凱倫，祝你好運！」當天的課程就在這高昂的氣氛中結束。

故事回饋

上過課的父母們花了時間坐下來與他們的青少年一起嘗試解決問題的新技巧時，各自體驗到許多新的看法。以下是他們回饋的故事中幾段精彩的部分：

凱倫：解決問題技法可以幫助你了解實際狀況為何。

上週下課之後，其實我不知道史黛西還願不願意和我說話。我們兩人之間存在著許多不好的情緒感受。但是當我執行了「技法」的第一步——認真聆聽她的觀點並且接受她所有的感覺——她就變成了另一個人。突然之間，她告訴我一些之前絕對不會告訴我的事情。

我聽說其中一個男孩是潔西的新男友，而她眼中只有他，所以當他遞給她一根香煙時，她接受了並且嘗試抽菸。

我一個字都沒有說。我只是聆聽和點頭。接著她告訴我，他們帶了六罐啤酒來，當他們喝完啤酒後，他們開始尋找其他飲品。其中一人發現了酒櫃，然後他們自己倒了一些蘇格蘭威士忌。他們試著要女孩們喝「一小杯」，但是只有潔西喝了。

老天爺，我必須訓練自己的自我控制！不過我很開心我做到了，因為我們談愈多，我就愈了解史黛西的想法。我知道一部分的她對這整個經驗感到興奮，但是更多是害怕與不知所措。

光是知道這點就足以讓我們剩下的討論容易許多。我不必花時間解釋我的感受（史黛西早就知道我對於抽菸和喝酒的想法），所以我們沒有花很長的時間就列出了一張解決辦法。以下是我們都同意的方案：

- 除非父母在家，否則男生不能進來家裡。
- 不准喝酒精飲料。

- 任何人想抽菸都必須到屋外。
- 媽媽負責告訴蘇和潔西新的家庭規則（以友善的方式）。
- 爸爸會把酒櫃上鎖。
- 如果需要成人協助，但是父母不在，可以打電話給貼在冰箱上的任何一個人。

當我們完成這張清單時，我們都感覺相當愉悅。我們一起把事情解決了。不是只由我來訂定規則，史黛西也能對規則發表意見。

蘿拉：不一定總是需要走完解決問題的每個步驟才能得到解決辦法。

當凱莉輕快地走進我房間展示她的新衣服時，她洋溢著興奮：「媽，你看我用生日禮金買了什麼！是不是很酷？這件衣服真的很新潮！你是不是很喜歡？」

我看了她一眼，心裡想著：感謝老天，她的學校有服裝規定。接著我想：好，這可能是讓我和女兒實驗一次解決問題技法的好時機。我開始走第一步──注重她感受。「凱莉，我聽得出你有多愛身上的緊身T恤搭配低腰緊身牛仔褲。」

接著我表達了我的感覺：「我覺得那身打扮太過引人遐想。我不希望我的女兒在公共場所露出那麼多肌膚和肚臍，會覺得衣服釋放出錯誤的訊息。」

她不喜歡聽見這種評論，所以很大力的坐下，說：「噢，媽，你真是老古板。」

我回應：「可能是吧，但是我們有沒有可能想出任何一種辦法可以……」在我還沒說完前，她就說：「那我不會穿這身衣服到『公共場所』。只有當我在家裡和我的女生朋友們聚會時才穿，這樣可以嗎？」

我說：「可以。」這件事就這樣解決了，至少暫時如此。因為我知道今天這種時代，女孩們走出家門時的打扮看起來就像是我媽口中所謂的「完美的小淑女」。不過一旦她們轉過街角，就會把T恤往上捲，把牛仔褲往下拉，然後再次展現出她們的肚臍。

吉姆：不要反對青少年孩子的任何建議。有時候最糟的想法可以導致最棒的結果。

我十四歲的兒子——傑洛德，突然開始抱怨起他十二歲的妹妹令他發狂的行徑。無論何時當他的朋友來家裡，她一定會找到理由進他的房間並且想辦法得到注意。我明白為什麼會這樣，但是這種情況令傑洛德非常生氣。他會大聲叫嚷著要她出去，然後要我太太阻止她進入。

有天晚上吃過晚餐後，我決定與他一起嘗試解決問題。第一步是自我控制。我必須命令自己坐在那裡，聆聽他所有關於妹妹的抱怨。一旦開始說話，他就無法停下來：「她真的很惹人厭……每當我朋友來家裡，她總是在一旁閒晃……她編造各種理由要進來我的房間……她需要紙或想要給我看某個東西……而且她從不敲門……加上我請她離開時，她只會像個白癡一樣地站在那裡。」

我承認對他而言這種情況有多麼令人惱怒，但是心中決定不要跟他說，當我聽到他這樣描述自己妹妹時，我有多麼的失望沮喪，因為我知道他完全沒有心思聽我的感受。

我告訴他我們需要一些有創意的辦法來解決這個問題時，他的第一個想法是「送她去火星」。

我把它寫了下來，他馬上露出一個大大的微笑。其餘的辦法也快速出現：

- 在我的房門掛上禁止進入的標誌。（傑洛德）
- 爸爸應該告訴她，除非我說可以，否則她絕對不能進入我的房間。（傑洛德）
- 傑洛德應該親自以平靜且圓滑的方式，告訴妹妹當他的朋友來訪時，他希望她能尊重他的隱私。（爸爸）
- 與她約法三章。如果她讓我單獨與朋友相處，那麼當她的朋友來家裡時，我不會嘲弄她們。（傑洛德）

這是幾天前的事了。那天之後，傑洛德的確有與妮可談過，我也是。但是真正的考驗尚未到來。他的朋友們星期六會來家裡進行樂團練習。

麥克：當你對你的青少年使用問題解決法溝通後，他們可能會以用相同的方法回應父母。

我無意中聽見傑夫在電話裡和他的朋友說到有一場他們一定要去的「超酷」搖滾音樂會。當他掛上電話後說：「爸，我有事要跟你說。」

我心想：喔喔，我們又要吵架了。我們會再一次為相同的問題而爭論：你從來不讓我去任何地方、不會有什麼壞事發生的、沒有其他人的父親會……等等。

但是出乎我意料之外，他說：「爸，凱斯希望我這個星期六晚上可以去音樂會。舉辦地點是在大城市，在你說任何話之前，我想聽聽你所有的反對意見、所有你不希望我去的理由。我會把它們寫下來。你知道的，就像你上星期對我的方式一樣。」

然後我告訴他一長串理由。我告訴他我擔心兩個十五歲的男孩單獨大半夜站在公車站等車；我擔心在音樂會上接觸到的所有毒品藥物；我擔心孩子們站在衝撞區玩從舞台上倒下，讓其他人接住的助興遊戲會發生傷害。此外，我反對仇恨的歌詞，充滿貶低女性、警察、同性戀和少數民族的音樂。

我一說完後，他就看著自己雜亂的筆記，然後認真回應了我的每一項顧慮。

他說他會確保自己和凱斯與其他人都一起在公車站等車；他會確定自己把皮夾放在夾克的內袋，並且一定把夾克拉鍊拉上；他保證他們兩個人不會吸毒；還有他不知道那裡會不會規劃一處衝撞區，但是如果有，他只會在一旁觀看；以及他沒有如此薄弱的心智，不會因為歌曲中的一些傻話就盲目地相信。

他的敘述是如此成熟，令我大開眼界，因此我同意在某些條件下讓他前往：他媽媽和我會開車載他們進城，然後當他們參加音樂會時，我們兩人會去看場電影，之後再去接他們回家。我說：「如果你接受這個計畫，那麼你現在要做的只有打給售票公司，確定音樂會門票何時販售。」

他跟我說謝謝，我也感謝他認真看待我的擔憂。我告訴他剛才他使用的方法有助我把事情思考透澈。

喬恩：有些問題超越這解決技法的範疇，尋求專業諮詢有時是必要的。

最初我以為瑞秋是因為她最近從事的運動而瘦身成功。但是我無法理解為什麼她總是很累而且又沒胃口。無論我煮什麼——即使是她最愛的食物——她也只會吃一兩口，然後就把剩下的飯菜撥到一旁，當我力勸她多吃幾口時，她會說：「我真的不餓」或「反正我太胖了」。

然後有天早上我不小心撞見剛沖完澡的她，而我無法相信自己看到的。她的身體消瘦到只剩皮包骨。

我整個人煩惱不安，不知道這類問題是否適合我們一起坐下來解決，但是我必須嘗試。第一步——接受她的感覺——就出師不利。我說：「寶貝，我知道我最近一直在關心你不怎麼吃東西的問題，我知道這樣可能很煩人，而且我可以了解為什麼你……」

在我說下個字之前，她突然發怒：「我不想討論這個問題。這不關你的事。這是我的身體，所以我要吃什麼是我的事！」然後她走回房間並把門甩上。

當我打給我們的家庭醫生，告訴他發生的事情後，他催促我帶瑞秋去檢查。當她總算從房間出來時，我說：「瑞秋，我知道你不認為我應該要擔心你的飲食。但事實是我很擔心。你是我的女兒，我愛你而且想幫助你，但是我不知道該怎麼幫，所以我已經跟醫生約好了。」

她當然不會讓我好過。（「我不需要幫助！你才是有問題的那個人，不是我。」）可是我沒有退縮。當我們總算看到醫生時，他證實了我最糟的恐懼。瑞秋罹患了飲食失調症，她瘦了五公斤，前幾個週期的月經停止，而且她的血壓很低。

醫生對她直話直說。他說她有嚴重的潛在病況，需要立即治療，幸好有早期發現，而且他會把她轉介給一個特別的計畫。當她問道：「什麼樣的計畫？」他解釋是一種「聯合」介入——結合個人、團體和營養的諮詢計畫。

我們看完診要回家時，瑞秋看起來還處於震驚之中。醫生對著她微笑並握住她的手，說：「瑞秋，我在你還是個小女孩就認識你了。你是個有毅力、勇敢的孩子，我對你有信心。一旦你參加這個計畫後，一定可以重獲健康。」

我不知道瑞秋是否能夠理解他所說的，但是我很感激他說的話，並且感覺如釋重負。我不必獨自一人面對這種情況，在這裡能得到支援。

一起解決問題

父母：這是你第二次超過門禁時間才回家！好吧，你下週六晚上哪裡都不准去了，整個週末都給我待在家裡。

不如：

步驟1：請孩子說出他的想法

父母：有什麼事讓你難以遵守門禁的時間呢？

青少年：我是唯一十點前要回到家的人。當每個人都玩得正高興時，我總是必須離開。

步驟2：陳述你的觀點

父母：在我預期你幾點會回到家，而你卻沒有時，我就會擔心。我會亂想然後失控。

步驟3：請孩子與你一起腦力激盪

父母：讓我們來想想是否有任何辦法可以讓你有更多的時間和朋友相處，同時又可以提供我內心的平靜。

步驟4：寫下所有的想法——無需評估

1. 讓我待在外面直到我想回家，你不需要醒著等我。（青少年）
2. 永遠不再讓你出門，直到你結婚。（父母）
3. 把我的門禁時間延長到十一點。（青少年）
4. 暫時將你的門禁時間延長到十點三十分。（父母）

步驟5：檢視你們的討論清單並決定想要實施的辦法

青少年：十點半有好一點。但是為什麼是暫時的？
父母：我們可以讓它變成永久的規定。你所要做的就只有從現在起都要準時回家。
青少年：一言為定。

第五步
與孩子們會面

我想要見見那些孩子。一直以來聽著這些孩子、談論他們、想著有關他們的事，現在我想要親自與他們會面。我詢問家長是否能接受我安排幾個時段來見見他們的孩子——有個彼此熟悉、教導孩子基本溝通技巧的時段，然後是全部家長與孩子共同出席的時段。

父母立刻回應：「那實在太棒了！」……「好主意」……「我不知道自己能不能說動她過來，但是我會盡最大的努力去說服」……「只要告訴我是何時，他就會出現在這裡」。

於是我們安排了三個日期。

當我看見孩子們進入教室時，立刻就想把孩子與父母們配對，試著找出誰是誰的孩子。那位又高又瘦的男孩是湯尼的兒子保羅嗎？他看起來像湯尼。那個帶著友善笑容的女孩是蘿拉的女兒凱莉嗎？但是我突然想到：不，不能這樣想。必須把這些年輕人當作新的個體來認識，而不是他們母親或父親的延伸。

每個人都坐好後，我說：「你們的父母可能告訴過你們，我教導溝通的方法，幫助各年齡的人們相處得更好。但是就像你們事先知道的，『相處得更好』不是件那麼容易的事。這代表我們必須能夠互相聆聽，至少要努力理解其他人的觀點。」

「父母們當然理解他們自己的觀點。但是我想其中仍有很多人缺少了——也包括我——對年輕世代，那就是你們的想法有更深入的了解。因此，我希望今天可以更加清楚你們本人或朋友所相信的一切。」

看起來像湯尼的男孩露齒而笑：「那你想要知道什麼？只管問我，我是專家。」

另一個男孩竊笑：「噢，當然，什麼方面的專家？」

當我一邊發下準備好的問卷時，一邊說：「我們很快就會知道了。請先看看這些提問，看哪幾題你覺得可以自在的回答就寫出答案，然後我們再來討論。」

有個人舉手。

「請說？」

「誰會看到我們的回答？」

「只有我。你不必在紙上寫名字。沒有人會知道誰寫了什麼。我在乎的只有你們誠實的回饋。」

我其實不確定他們在上了一整天的課後，是否還願意寫字，但是他們寫了。他們閱讀每個問題、盯著窗戶、低下頭，然後快速並真誠地寫下答案。當大家都完成後，我們便一起瀏覽及討論每個問題。大部分的孩子會大聲讀出他們的答案；其他人則自動加入自己的想法；有幾個則是安靜地聆聽，偏好以書面形式回答。以下是他們回答的要點：

當他人說出一句類似：「這個嘛，他就是個青少年」的評語時，你感覺這意味什麼？

「我們不成熟，我們都是臭小子和麻煩製造者。但是我不同意。這跟年齡大小無關，誰都可以表現得像一個渾蛋。」

「青少年都是麻煩精。但這是錯的，是一種貶低看法。青少年又不是只有一種，我們每個都不一樣。」

「他們總是說：『你應該更明理』或『做出符合你年紀的表現』。但是我們這年紀就是這樣。」

「成人如此看輕我們的能力，就是一種貶低和侮辱。」

「他們自以為了解我們，會說：『我們像你這麼大時，也有過相同的問題。』其實他們根本不了解，因為時代會變，問題也有改變。」

你認為作為這個年齡的青少年（無論是你或你的朋友）最棒的部分是什麼？

「擁有較多特權、較少限制與不被允許的事。」

「可以玩樂，做我喜歡做的事情。」

「交男朋友。」

「週末可以熬夜，還有與朋友一起去購物中心玩。」

「享受生活而不必負擔未來應該要承擔的責任。」

「快接近能夠開車的年齡。」

「自由自在去體驗，萬一出了錯，還有家人會給予安全感與關愛做為依靠。」

哪些事情是你這個年齡的孩子會擔心的？

「無法融入。」

「不被他人接受。」

「失去朋友。」

「擔心其他人對自己的看法。」

「我們擔心自己的外表——服裝、髮型、鞋子、品牌。」

「女生必須苗條和美麗，而男生必須酷和會運動。」

「我們擔心學業上的競爭，每晚必須完成一大堆的家庭作業，而且所有科目都要及格。」

「擔心我們的未來和取得好成績。」

「我擔心毒品、暴力與攻擊我們的恐怖份子以及相似的事物。」

「我擔心會有校園槍擊，許多人恐怕會喪命。要擁有一把槍實在太容易了。」

「青少年有很多壓力，或許多到比他們的父母還多。父母可以對我們說任何他們想說的話，但是我們卻不能這樣對他們說話。」

你的父母們有對你說過或做過任何有幫助的事嗎？

「我的父母會與我討論事情，而且我們會試著找出解決辦法。」

「當我心情不好時，我媽會知道並且讓我一人獨處。」

「我媽總是說我看起來很好——即使我並沒有。」

「如果我不會做家庭作業，我爸會幫我。」

「有一次我爸跟我說到當他還是個孩子時所惹出的麻煩，我因為惹上麻煩而不好的心情就變得好多了。」

「我媽有跟我說過，如果有人希望我嘗試毒品時應該如何回應。」

「我的父母總是對我說：『生命中要有一個計畫或目標，只要有一個，就會讓你保持在正軌上。』」

你的父母是否有說過或做過任何沒有幫助的事？

「他們會錯怪我。還有，當我要跟他們說那些惹到我生氣的事，他們只會說：『休息一下』或『就忘了吧』，真的讓我好氣。」

「我討厭他們說我的態度不好。因為沒有孩子天生就態度不好。那並非是你的本性，有時候是父母的錯，他們可能就是不良示範。」

「我父母批評我的學習習慣，這並不公平，因為我的學業表現還不錯。」

「我討厭我的父母對我大聲叫罵。」

「我的父母對工作太認真。永遠沒有多的時間能和他們對話，我想說的是每天發生的事情。」

「父母不應該總是批評和糾正他們的孩子。我的哥哥就是那樣被撫養長大，而現在他面對主管就會出現問題，因為他不知道怎麼對待上面的主管，所以他辭掉了所有工作。我也會類似那樣。我無法聽從糾正。我厭惡被糾正。」

如果你可以給予父母建議，那你會給些什麼？

「不要老說『你什麼都可以跟我說』，等我們說了後卻又大發脾氣對我們說教。」

「不要老說『你還在講電話嗎？』或『你又要吃了嗎？』的話，明明就看得到我們在做什麼。」

「不要告訴我們什麼事不能做，但自己卻做了，例如喝酒或抽菸。」

「如果心情不好回到家，不要把氣遷怒到我們身上，或怪罪說是我們害他這一天很不順心。」

「父母不應該在外頭表現得很慈祥，然後回到家卻辱罵、嚴厲批評和不尊重孩子。如果孩子嘴巴很壞，可能是從父母身上學到的。所以當父母感到挫折，想要說些不好聽的話時，應該要認真試著阻止自己這樣。」

「父母應該相信我們。就算我們做錯了某件事情，也不代表我們是壞人。」

「不要批評我們的朋友。你們又沒真正認識他們。」

「當我們寧願和朋友玩而不想跟家人在一起時，不要一副是我們不對、需要內疚的樣子。」

「如果父母希望孩子說出事實，那就不要為了每件小事而禁足他們。」

「即使孩子年紀並不小了，還是要告訴他們，你們很愛他們。」

「如果有方法可以讓孩子在沒有危險的情況下體驗生活，那麼請找出那個法子並遵循，因為那正是我們需要的。」

如果你可以給予其他青少年建議，那會是什麼？

「別做蠢事，例如光為了讓其他孩子喜歡你就去接觸毒品。」

「要對每個人友善，即使是不受歡迎的孩子。」

「當孩子在找某人碴時，不要加入。」

「不要用 e-mail 去發送其他孩子的壞話，讓他們惹上麻煩。」

「發展真實良好的友誼。這麼一來當生命遭遇困難，而你沒有其他人在身邊時，他們會在你身旁。」

「如果你希望父母把門禁時間延後，那就開始準時回家。」

「如果你的男友說不跟他發生性行為就要分手，那麼你應該甩掉他。」

「不要認為你可以偶爾抽幾根香菸就好。因為我的朋友就是這樣開始的，而她現在每天最多會抽掉一包。」

「如果你飲酒或吸毒，一定要知道你可能會搞砸你的健康和未來。有些孩子說：『我不在乎。這是我的身體，我想怎麼對待它都可以。』但他們是錯的。這不僅是他們會受到傷害，所有關心他們的人也會失望並大受打擊。」

你希望生活可以變得怎樣不同——家裡、學校或朋友？

「我希望我的父母可以明白我不再是個寶寶了，然後放手讓我做更多事，像是與朋友一起進城。」

「我希望我的老師們可以減少家庭作業。他們都一副自己教的科目是我們唯一要上的課一樣，而我們要熬夜才能完成所有功課，難怪上課時大家看起來都很疲倦。」

「我希望我的日程表不要排得這麼滿，只有讀書和音樂課，希望有更多自由時間和朋友相處。」

「我希望同學不要在人前表現得很友善，然後人後又說你的閒話。」

「我希望我的朋友們都能夠相處得很好，不會要求我選邊站。」

「我希望大家不要以外表或穿著來評斷人。這就是為什麼我喜歡上網，因為網路上穿得古怪或長得醜也沒關係。」

「我希望大家不要為了愚蠢的事情爭吵，像是：『我看見你和我的男友在一起。』爭吵又不會解決任何事，只會讓你暫時無法加入活動，同時父母也會懲罰你。」

「我希望父母不要逼迫孩子完美。我的意思是生命只有一次，所以為什麼我們不能放鬆一點，享受當個青少年呢？為什麼我們必須一直精益求精？沒錯，我們擁有目標和夢想，但是難道我們不能在沒有這種壓力的情況下完成嗎？」

當最後一個問題回答完後，每個人都以期待的眼神看著我。我說：「知道我的願望是什麼嗎？我希望世界各地的父母與青少年都可以聽見你們這個下午所說的話。我認為他們會獲得一些重要的觀點，應該會對他們非常有幫助。」

孩子們似乎對我的說法感到滿意。我問：「離開前，還有什麼是我們沒談到，但是你們認為父母應該要知道的事嗎？」

有個人遲疑地舉起了手，是那個看起來像湯尼的男孩。「嗯，請你告訴他們有時候我們大吼大叫或說出讓他們生氣的事情時，他們不需要放在心上。很多時候我們不是故意的。」

笑起來像蘿拉的女孩接著說：「沒錯，還有請告訴他們，當我們沒有清理自己的房間或幫忙做家事時，不要那麼生氣。我們不是小屁孩。有時候我們只是太累或有心事，或者需要和我們的朋友聊一聊。」

另一個女孩插話。「另外請問問父母，如果當他們下班回到家的那一秒，我們就對他們說：『你又一次把你的髒碗盤留在水槽！』或『我希望你現在就開始煮晚餐！』或『等到你繳完所有帳單後才能看電視！』他們會不會喜歡。」

所有人都哄堂大笑。

她又說：「其實自從我媽來上了你的課之後，她就沒有那麼常罵人了。我不知道她在這裡學到什麼，但是她不會那麼容易大發雷霆。」

我說：「你媽媽和其他人的家長都正在學習你們下星期要學的溝通技巧，所以我很期待。我們要來找出幫助大家在所有關係中相處更融洽的辦法。」

其中一個女孩問到：「所有？那是不是代表也適用於和朋友之間的相處？」

我跟她保證：「也適用於你和你的朋友。」然而她問這個問題的方式讓我停頓了一下，我本來沒有計劃下次的課程要專注在朋友上面，但是突然間我認為我應該這麼做。也許我應該從孩子身上得到啟發。今天聽見許多關於友誼多重要的評論，讓我重新意識到青少年在與同儕的互動中投入了多少情感。

我詢問整個團體：「利用我們下一次的會面來檢視這些溝通技巧如何應用在你們和朋友的關係上，你們覺得怎麼樣？」

沒有人立刻回應。孩子們互相看了看，然後又回過頭來看我。最後，某人說：「那會很棒。」大家都點頭表示同意。

我說：「那麼我們就來這樣進行吧，大家下週見。」

第六步
關於感受、朋友和家庭

「智障滾開！」

「住口，你這個垃圾！」

放學時，當我經過一群站在置物櫃旁的青少年，這些話令我留下深刻的印象。這時，導護主任從走廊那端向我跑來。她說：「還好有追上你！你們今天的教室改到三〇七室。不用擔心，我已經通知了所有孩子。」

我感謝她，然後迅速上樓，試圖閃避那些全速下樓的孩子的推擠與碰撞。

「噢，注意你的腳步，笨蛋。」

「小心點，魯蛇。」

「嘿，蠢貨，等等我！」

發生了什麼事？這是今天的青少年與另一個人說話的方式嗎？

當我抵達三〇七教室後，大部分的孩子已經站在門外等待。我招手請他們進來，當他們坐好後，我描述了剛才聽到的話。我詢問：「告訴我，這種對話是正常的嗎？」

他們嘲笑我的天真。

我問：「難道這不會讓你們感到不舒服嗎？」

「不會，只是開個玩笑罷了。每個人都這樣。」

「不是每個人。」

「但是很多孩子這樣。」

這些回答令我受挫。我說：「你們也知道，我的工作與人際關係有關。是在處理我們用的溝通方式如何影響到彼此的感受，所以我想要認真的問你們，是真的不在乎這樣每天起床到學校，知道課堂結束前有可能碰到某人喊你『魯蛇』或『蠢貨』或其他更糟糕的字眼嗎？」

其中一個男孩聳肩：「這沒什麼。」

某人附和：「我也覺得沒什麼。」

我不願就此打住：「所以這裡沒有人反對這種說話方式嗎？」

短暫的沉默後。

一個女孩承認：「我有時候就會這樣做。雖然知道不應該，但朋友和我總是互相罵來罵去，好像只是在開玩笑。你知道的，打打鬧鬧的樂趣。但是如果某次考試考不好，而有人叫你『智障』——有次就發生在我身上——或像是當我頭髮被剪壞了，而我朋友說我看起來像個怪胎，那時就沒那麼有趣了。我會強迫自己想成這其實沒什麼，但也只是表面上如此。」

我問她：「假如你不強迫自己相信，反而告訴你朋友內心的實際感受的話，你覺得會發生什麼事？」

她搖了搖頭。「那樣不好。」

「因為……？」

「因為她們會貶低或取笑你。」

「沒錯，」另一個女孩表示同意。「他們會覺得你過於敏感，你試圖要與眾不同或表現更好，這樣他們就不會想要再跟你當朋友了。」

許多人舉起手。大家都有很多話想說：「如果這樣那些就不是真正的朋友。我是指如果你為了融入朋友圈必須騙人和假裝你不在乎，那太糟了。」

「對，但是很多孩子為了被人接受，願意做任何事。」

「沒錯，我知道有些人開始喝酒和從事其他不良行為，只是因為他的朋友會這樣。」

「但是那樣太傻了，因為你應該要能夠做你認為對的事情，然後讓你的朋友做任何他們想做的事。我會說：『尊重自己也尊重別人！』」

「說雖這麼說，現實生活沒有這樣過。你的朋友就是有很大的影響力，如果不配合，可能會被踢出那個圈子。」

「那又怎樣？誰想要那樣的朋友？我認為一個真正的朋友是你可以在他面前做自己，而且不會試圖改變你的人。」

「朋友是某個會聆聽你和關心你感受的人！」

「沒錯，朋友是如果你有事情，可以找他述說的人。」

我被孩子們說的話所感動。他們的朋友對他們來說是如此重要，有些人為了成為團體的一部分甚至願意放棄部分的自己。然而，在某種程度上，這些孩子也都懂得這種互補包容的友誼真正的意義。

我說：「我們需要想法達成一致才能繼續討論。上次的會面後，我不斷思索教導大人的溝通技巧對於青少年之間的人際關係可以如何發揮。你們剛才都發表得非常清楚，對於朋友的特質中，你們最重視的是能夠聆聽、接受和尊重別人意見的能力。現在，這種特質應該如何表現出來呢？」

我的手伸向公事包，取出準備好的教材。「我們來看幾個人與人之間建立友誼溝通的範例，有些關係因為溝通不好就受到破壞，有些關係因為有了安慰與支持，形成很大的對比。」

「我們一起來看看這些圖示，」我邊說邊把講義發下去。「你們有任何人願意扮演裡面不同的角色嗎？」

大家都非常踴躍，每個人都想要起來「扮演角色」。在陣陣笑聲中，孩子們充滿活力和表演熱情的唸出自己的角色。我坐在那裡，一邊看著插圖一邊聽著孩子們真實的聲音時，感覺自己似乎正在觀看一齣動畫片。

與其羞辱……

當人們苦惱時，質疑和批評會讓他們感覺更糟。

不如以點點頭、出個聲音或回一個字的方式聆聽

有時候一個同情的聲音、低聲回應或一句話，就可以幫朋友感覺變好，想得更開。

與其不顧對方的想法與感受……

當朋友忽略你的感受，你不太可能想要繼續這段對話。

不如將想法與感受說出來

朋友若能接受你的感受並給你機會說出自己的結論，交流會變得容易許多。

與其否定願望……

當朋友否定妳的願望，甚至數落妳，妳會感覺被貶低且挫折。

不如跟他一起幻想現實生活的渴望

若有朋友一起幻想自己的想望，面對現實時就會輕鬆許多。

我問：「所以你們認為這些範例如何？」孩子們過了一會兒才有回應。

「這不是我們習慣說話的方式，但是如果這樣說可能還不錯。」

「對，因為範例的『錯誤』溝通，真的讓人覺得自己很垃圾。」

「但也不能只在乎說『正確』的話，還必須是真心的，否則大家會認為你是騙子。」

「很多話聽起來有點不自然，這是完全不同的說話方式。但習慣了的話……」

「我願意習慣聽到這樣的話，可是不知道自己說不說得習慣，而且我也不知道如果改成這種說話方式，朋友會怎麼想我。」

「我覺得能這樣對話實在太棒了，希望每個人都可以用這種方式和其他人對話。」

我問：「那有包括孩子對父母的說話方式嗎？」

這個問題令他們遲疑了。某人提問：「像是什麼時候？」

「像是你的媽媽或爸爸對任何事都不滿意的時候。」

我可以從他們困惑的表情上看出，這對他們而言是個新領域。

我繼續說：「想像一下，有天晚上你的媽媽或爸爸下班很疲倦的回到家，然後滿肚子的抱怨今天的事：交通擁擠、電腦很慢、老闆不停叫罵，每個人都必須加班趕上工作進度。」

「你可以回應：『你覺得你這一天過得很糟嗎？我的比你的糟多了。』又或者帶著同情回一個『噢』，表示自己能理解，或把父母的想法與感受用說的方式表達，或帶他去幻想現實中還無法實現的部分。」

這個團體被我提出的挑戰引發了興趣。短暫的沉默後，一個接著一個，他們開始應用在想像中的父母身上：

「天啊，媽，聽起來你今天好像過得很不好。」

「電腦太慢真的讓人很痛苦。」

「當老闆大聲叫罵時，你一定覺得很討厭。」

「塞在路上一點都不有趣。」

「我賭你希望有一份走路就可以上班的工作。」

「還有你希望永遠可以不必再加班！」

「還有你現在的老闆馬上就退休，而新的老闆不會大聲罵人。」

他們現在都對著我笑了，明顯是對自己感到滿意。

一個女孩說：「你知道嗎？我今晚要對我媽媽試看看。她總是在抱怨她的工作。」

一個男孩說：「我想試在我爸身上。很多時候他會晚回家然後說自己有多麼勞累。」

我說：「說不定今晚有些父母會非常的高興，別忘了下週帶他們一起來參加最後一次的會面。把全部的人都聚在一起時會發生什麼事呢？肯定很有趣。」

感受需要被認同

女孩：布萊恩娜太勢利了！當她在走廊看到我時，她直接從我身邊走過。她只會對那些風雲人物打招呼。

朋友：不要讓這件事影響你。為什麼你要在意她呢？

與其否認感受，不如：

※**用一個聲音或字表示認同其感受：**「唉！」

※**釐清其感受：**「就算你知道她是個勢利鬼，但是她這麼做還是會讓你生氣。沒有人喜歡被忽略。」

※**用幻想給予現實中無法實現的感受：**「你難道不希望有一個風雲人物也讓她嚐到相同的滋味嗎？那個人直接從她身邊經過，好像她不存在一樣，然後對其他人微笑並熱絡地打招呼。」

第七步
父母與青少年一起

今晚對我們所有人都是第一次。隨著每個家庭進入教室及找位置坐下，氣氛變得有點緊張，沒有人知道會發生什麼事。尤其是我。父母們是否會因為他們孩子也在場而壓抑自己呢？孩子們是否會因為父母正在監視他們而有所保留？我是否有辦法幫助兩個世代的人自在地相處呢？

在歡迎所有人的到來後，我說：「今晚我們聚集在這裡，探索能夠幫助家庭中所有成員說話和聆聽的方式。聽起來似乎不難，但有時候的確很難，最主要是因為在任何家庭中不會有兩個人完全相同，事實上我們都是獨特的個體，我們擁有不同的興趣、不同的氣質、不同的品味和不同的需求，這些通常會造成相互的碰撞與衝突。在任何家庭中待上足夠的時間，你都會聽到類似以下的對話：

『屋裡好熱，我要開窗戶。』

『不！不要！我快凍僵了！』

『把音樂調小聲。太大聲了！』

『大聲？我只能勉強聽見。』

『快一點！我們要遲到了！』

『放輕鬆。時間還多得是。』」

「此外，在青少年時期，可能又發展出新的差異。因為父母希望給孩子安全及保護，不受到外在世界的危險波及；但是青少年變得好奇，想要有機會探索外在世界。」

「大多數的父母希望他們的青少年在是非對錯的想法上，可以順從自己意見。有些青少年會質疑那些想法，希望自己的是非對錯看法能與朋友們一致。」

「除了這些會造成家庭的緊張情勢，現在的父母又比以前過得更忙碌而且承受更多壓力。」

湯尼大聲地附和：「說得好，再說一次！」

坐在湯尼旁邊的青少年低聲嘀咕：「現在的孩子也比以前過得更忙碌而且承受更多壓力啊。」

其他青少年異口同聲地說：「對啊。」

我大笑的說：「所以一點也不奇怪，」就繼續說：「為什麼同一個家庭互相愛著彼此的人，也會互相生氣、厭煩以及偶而出現勃然大怒。那麼現在，我們可以拿這些負面感受怎麼辦呢？有時候情緒會突然冒出來，我就曾經聽過自己對我孩子說：『為什麼你總是這樣做？』……『你永遠學不會！』……『你有什麼毛病？』而且我也曾聽過我的孩子對我說：『那樣很蠢！』……『你實在太不公平了！』……『其他人的媽媽都不這樣管他們』……」

兩代人的臉上都可以看見笑意。

我繼續下去：「有時候，正當我們脫口而出這些話時，我們都知道在某種程度上，這類的言論只會讓人更生氣、更防備、更無法去考慮另一個人的觀點。」

喬恩嘆口氣說：「這就是為什麼我們有時候會隱忍自己的感覺，然後一句話都不說——就是為了維持和平。」

我表示理解的說：「而且有時候決定『一句話都不說』並非是個壞主意。至少，我們不會把事情弄得更糟。幸運的是，沉默不是我們唯一的選擇。如果我們發現自己對家中的任何人開始感到討厭或生氣，就必須停下來，深呼吸，問自己一個重要問題：**怎麼用方法來說出自己的真實感受，又能讓其他人聽得進去，甚至考慮我這麼說的用意呢？**」

「我知道這麼說並不容易做到。這代表我們必須有意識的做決定，不要去跟任何人說他或她哪裡做錯了，只說出自己——你的感覺、你的希望、你不喜歡什麼或你會希望怎樣做。」

我在這裡暫停了一下。家長們之前已經聽過我解釋這個主題很多次，但是孩子們是第一次，其中幾位表情疑惑的看著我。

我說：「我來發一些簡單的插圖示範，告訴大家我剛剛想要表達的意思。對我而言，範例是用來告訴大家，父母和青少年在說話時，憤怒情緒升高或降低就會有不同的表達力道。花幾分鐘看一下這些範例，然後告訴我你們的想法。」

以下是我分發給團體的一些插圖範例。

當孩子令父母生氣時

當父母感到挫折，有時會用憤怒的字眼去譴責孩子。

與其指責…不如說出感受與／或希望怎樣做

當父母說出自己的感受而非譴責孩子多無禮或做錯事，他們較有可能把話聽進去。

當父母令孩子生氣時

當青少年受到侮辱時，有時候他們就只想侮辱回去。

與其反擊…不如說出感受與／或你希望怎樣做

說出自己的感受而不要針對父母的錯誤，父母會比較聽得進你說的話。

我看著大家研讀插圖，幾分鐘後我問：「你們認為怎麼樣？」

湯尼的兒子保羅第一個回應（沒錯，那位瘦瘦高高的男孩就是湯尼的兒子）。他說：「我認為這樣很不錯，只是當我生氣時，我根本不會思考自己該說什麼或不該說什麼，只會直接把話說出來。」

湯尼同意：「對，他就像我一樣個性很急。」

我說：「我了解。當你感到生氣時，很難理智地思考或說話。有幾次我青少年時期的孩子做出讓我非常生氣的事情時，我也曾大叫：『我現在真的很氣很氣，等等會說出什麼話或做出什麼事，我可不負責！你最好離我遠一點！』我發現這麼做可以給孩子一些保護，同時也提供我一點時間冷靜下來。」

湯尼問：「然後呢？」

「然後我會到住家附近慢跑，或拿出吸塵器吸完家裡全部的地板——做些體能運動，或讓人持續在動的事。我來問大家，當你們非常、非常生氣時，有什麼能夠幫助你們冷靜下來的嗎？」

教室內出現了一些難為情的笑容。孩子們首先反應：

「我會甩上門然後把音樂放得很大聲。」

「我會無聲地詛咒。」

「我會騎腳踏車到很遠。」

「我會打鼓。」

「我會做伏地挺身直到再也撐不起來。」

「我會找我弟的碴。」

我示意家長：「那你們呢？」

「我會走到冰箱，然後吃完五百毫升的冰淇淋。」

「我會哭。」

「我對每個人大吼大叫。」

「我會打給正在上班的先生，然後告訴他發生了什麼事。」

「我會吃一顆阿斯匹靈。」

「我會寫下一封又長又惡毒的信，接著撕爛它。」

我說：「現在想像你已經做了能夠壓抑怒氣的事情，所以更可以好好表達自己。可以做得到嗎？你可以告訴其他人你想要、感覺或需要什麼，而不是去責備或譴責他們嗎？你當然可以。但確實需要先靜下思考，而且如果有經過一番練習會更有所幫助。」

「我剛發給你們的插圖是用了我家的範例。現在請你們每個人嘗試回想發生在你們家中令你感到困擾、心煩或生氣的事情。一旦想到，請馬上寫下來。」

我的要求似乎令大家感到震驚。我補充：「那件事情可大可小。可以是某件已經發生，甚至是某件或許以後會發生的事情。」

父母和孩子緊張地互相看了一眼。有人咯咯笑，過了一會兒後，每個人都開始書寫。

我說：「現在已經認真想出一個問題了，我們來試試以兩種不同的方式去處理問題。首先寫下說什麼可能會讓事情變得更糟糕。」我停在這裡讓每個人有時間寫下自己的回答。「接著寫下說什麼可能會使對方聽進你的話並考慮你的觀點。」

當大家努力解決我拋出的挑戰時，教室內寂靜無聲。當大家似乎都完成後，我說：「現在請每個人拿著自己的答案紙，然後找一位別人的父母或孩子，並且坐在他或她身旁。」

經過幾分鐘的混亂後——在移動椅子和一陣「我還需要一個孩子」、「誰想當我的父母？」的叫喊聲中——總算所有人都配對好新的夥伴。

我說：「現在我們準備好進行下個步驟了。請輪流朗誦兩種對比的陳述給對方聽，同時注意彼此的反應。然後我們再來進行討論。」

大家對於如何開始都猶豫不決。關於以誰的場景開始就有很多的討論。不過一旦決定後，父母和青少年雙方都認真地扮演自己的新角色。最初他們輕聲地彼此交談，之後慢慢地變得愈來愈生動且響亮。麥克和保羅（湯尼的兒子）的假爭吵吸引了所有人的目光。

「但是你總是拖延到最後一分鐘！」

「我沒有！我告訴過你我之後會做。」

「什麼時候？」

「晚餐後。」

「那太晚了。」

「不會。」

「會，就是太晚。」

「你別再找我麻煩，讓我一個人獨處！！」

突然他們都停了下來，意識到安靜的教室以及所有人的注視。

麥克解釋：「我正試著讓我的孩子早點開始寫作業，但是他不肯順從。」

保羅說：「那是因為他一直在打擾我，他不明白自己愈是執著於要我去寫作業，我就愈想拖延。」

麥克說：「好吧，我放棄。現在讓我試試看另一種方法。」他深吸一口氣，然後說：「兒子，我一直在想……我不斷催促你早點開始寫作業是因為我覺得那樣比較好。但是從現在起，我要相信你，由你決定何時寫作業才是好的。我只要求在九點半前，最晚十點前要完成所有的作業，這樣你才能有足夠的睡眠。」

保羅大笑。「嘿，『爸』，這樣好多了！我喜歡。」

麥克驕傲地說：「所以我的方式還不錯囉！」

保羅回覆：「沒錯。而且你會看到我遵守你的規則。我會做功課，你不必提醒我。」

大家看過後似乎被眼前的示範對話刺激到，多組父母和孩子主動朗讀起他們的對比陳述給所有人聽，每個人都傾身向前，專注聆聽。

父母（指責）：

「為什麼當我要求你做任何事情時，你總是跟我爭吵，從來不給予協助？我永遠只能從你那邊聽到：『為什麼是我？為什麼不是他？我很忙。』」

父母（描述感覺）：

「我討厭要人幫忙時變成一場爭吵的局面。如果能聽到：『媽，先別說了，我正在忙耶！』我會很開心。」

青少年（指責）：

「為什麼你沒有告訴我留言內容？潔西卡和艾咪都說她們有打電話來，但是你卻沒有告訴我。現在我錯失了這場比賽，這都是你的錯！」

青少年（描述感受）：

「媽，同學給我的留言真的很重要，我必須知道。我錯過比賽就是因為他們改變日程，等我發現時已經太晚了。」

父母（指責）：

「我從你那裡永遠只會聽到『給我……』、『幫我買……』、『帶我去這裡』、『帶我去那裡』，無論我為你做了什麼，永遠不夠。而我有從你那裡得到過一聲謝謝嗎？沒有！」

父母（描述感覺）：

「可以的話，我很樂意提供協助。但是當我幫忙後，我希望能聽到一聲謝謝。」

青少年（指責）：

「為什麼你不能像其他媽媽一樣？我所有的朋友都可以自己去購物中心。你對我好像在對待一個嬰兒。」

青少年（描述感受）：

「我討厭星期六晚上朋友們都在商場中玩樂時，我卻要待在家裡。我覺得我現在已經夠大了，能夠照顧自己。」

蘿拉本來很有興趣的專注聆聽她女兒念出最後一句的陳述，聽到後卻發出了尖叫聲：「噢，不，凱莉！不管你說什麼或怎樣好好說，我都不會讓一個十三歲的孩子晚上到商場去。那我會瘋掉——你看看今天這個世界都發生了什麼事。」

凱莉臉色變紅，懇求的說：「媽，拜託。」

我們花了一點時間才搞清楚，那組的練習內容正是蘿拉和女兒之間目前遭遇到的真實衝突。

蘿拉問我：「我錯了嗎？即使她和朋友在一起，但是她們都還只是孩子。讓年輕女孩在夜晚的商場裡遊蕩，根本就是一種不負責任的行為。」

凱莉激烈地反駁：「媽，沒有人在遊蕩，我們是去逛商店。而且，商場真的非常安全。任何時候都有大量的人潮在那裡。」

我說：「這樣吧，我們現在有兩種非常不同的觀點。蘿拉，你堅信商場不適合十三歲的孩子在晚上沒有大人監督陪伴時過去，你認為有太多潛在的危險。」

「凱莉，對你而言商場似乎『百分之百安全』，而且你認為你應該被允許跟朋友一起去那邊。」我轉向團體問道：「這是一個無解的僵局，還是大家可以想到方法，同時滿足凱莉和她媽媽的需求呢？」

大家一分鐘都沒有浪費，父母和青少年都同時加入思索來解決這個問題。

父母（對蘿拉說）：我告訴你我對我女兒怎麼做。我載她和朋友到商場，然後告訴她們可以在那邊停留兩個鐘頭。但是一小時後她必須打電話給我，然後當她準備要我去接她時，再打一次。我知道對她而言這樣很煩，但是可以讓我的心比較安定。

青少年（對蘿拉說）：你可以給凱莉一支手機。如此一來，如果任何時候她遇到問題或你要找她時就可以打過去。

另一位父母（對蘿拉說）：你載女孩們過去如何？花點時間跟她們相處一下，然後你也可以自己去做採買，然後設定一個碰面的時間和地點，再載她們回家。

青少年男孩（十六歲，長得又高又帥，對凱莉說）：如果你想要跟朋友去商場，為什麼不讓你媽跟你們一起去？

凱莉：你在開玩笑嗎?!我朋友會嚇壞的。

蘿拉：說什麼？你所有的朋友都喜歡我。

凱莉：絕對不行。那樣太丟臉了。

同一個帥氣青少年（對凱莉微笑）：假如你告訴你的朋友們，只要忍受一或兩次，這樣你媽媽可以看見現場——你們去了哪裡和你們做些什麼。這樣一來，她可能就不會那麼緊張。

凱莉（著迷地看著他）：大概可以吧。（試探性地看著她媽媽）

蘿拉：我願意那樣做。

目睹這一切的發生令我印象深刻。不僅是對衝突被迅速解決，更驚訝的是在場父母與青少年團體應對蘿拉和凱莉僵局的方式，沒有人選邊站。每個人都對母親和女兒各自的強烈感受展現出最大的尊重。

我說：「剛才你們所有人都做出了清楚的示範，以一種非常文明的方式處理人與人之間的分歧。

為了證明自己是對的，其他人是錯的，我們似乎都會自發性的脫口：『這件事你錯了！還有那件事你也錯了！』為什麼要點出什麼是正確的卻無法自然而然說出口呢？為什麼我們稱讚的速度比不上批評的速度呢？」

短暫的停頓後接著一連串的回應。首先來自父母親：

「挑出錯誤很容易，根本不需花費任何力氣。但是要說出一些好話卻需要花點腦力。」

「沒錯。昨天晚上我在講電話時，我兒子一注意到就把他的音樂轉小聲，我心裡很感激，但是從來沒想到要說什麼感謝他的體貼。」

「我不明白為什麼孩子做他們本來該做的事情要稱讚他們，我每天晚上煮晚餐也沒人在讚美。」

「我父親認為讚美對孩子是不好的，他從來沒有讚美過我，因為他不希望我變得自滿。」

「我媽是另一種極端，她從未停止稱讚我有多麼棒：『你這麼漂亮、聰明又有天份。』我沒有因此而自滿，因為我不相信她。」

青少年也加入了討論：

「沒錯，即使一個孩子相信她的父母，而且認為自己很特別，當她去上學遇到其他的孩子後，可能就會對自己很失望。」

「我認為父母和老師們會說些像『太棒了』或『做得好』的話，因為他們認為做父母師長理應如此。我們都知道那是為了鼓勵人，但是我和我的朋友們認為這些話聽起來很假。」

「而且有時候大人的稱讚是為了讓你去做他們希望你做的事。你們都沒聽過，有一次我把頭髮剪得超級短，我奶奶跟我說了什麼話：『唉呦，傑洛米，我差點不認識你了。你看起來好帥！你應該保持這樣的髮型，看起來就像個電影明星！』是喔，才怪。」

「如果是真誠的，我不認為讚美有任何錯。當我被稱讚時，我會感覺很高興。」

「我也是！我喜歡我的父母當著我的面說我的好話。其實，大部分的孩子會喜歡偶而聽到一些稱讚。」

湯尼說：「孩子們，我有話要告訴你們，大多數的父母也喜歡偶爾得到一些稱讚。」

父母那一邊爆出了熱烈的掌聲。

我說：「這個嘛，你們絕對表達出了關於讚美的各種感受。你們之中有些人喜歡且不介意聽到更多，然而對一些人來說，讚美反而會令你們感到不自在。你們認為讚美不是假的就是有操弄的意圖。」

「對讚美意見的差異，應該跟你們一開始是如何被人讚美的對待有關吧？我相信是。『你是最棒的……最好的……如此誠實……聰明……大方……』等字詞會使我們感到不自在，因為有時候我們會突然想到自己其實沒有這麼棒、這麼誠實、聰明或大方的時候。」

「那我們可以怎麼做呢？我們可以用言語描述，可以描述我們所看到或感受到的。可以描述一個人的努力，或者我們可以描述他的成就，描述得愈具體就愈好。」

「大家可以聽出『你好聰明』和『為了解決那個代數問題，你努力了好久，但是你沒有停止或放棄，直到你算出答案』兩者間的差異嗎？」

保羅大聲地回應：「當然可以。第二句絕對比較好。」

我問：「是什麼讓後者比較好？」

「因為如果你說我很聰明，我會想：『希望如此』，或這人正試圖討好我。但是第二種方式我會想著：『嘿，我覺得自己滿聰明的！我知道如何堅持到底以找出答案。』」

我說：「這麼聽起來確實有道理，當某人描述我們做了什麼或正嘗試做什麼的時候，通常會讓我們對自己有更深入的了解。」

「在現在發下去的圖示教材裡，你們可以看到父母和青少年受讚美的範例——第一種是給予評價，第二種是給予描述。請注意人們在回應這兩種讚美方式上的內心想法有何不同。」

當讚美孩子時

與其給予評價…

不如描述你的感受

不同的讚美會讓孩子對自己的想法有不同結果。

當讚美孩子時

與其給予評價…

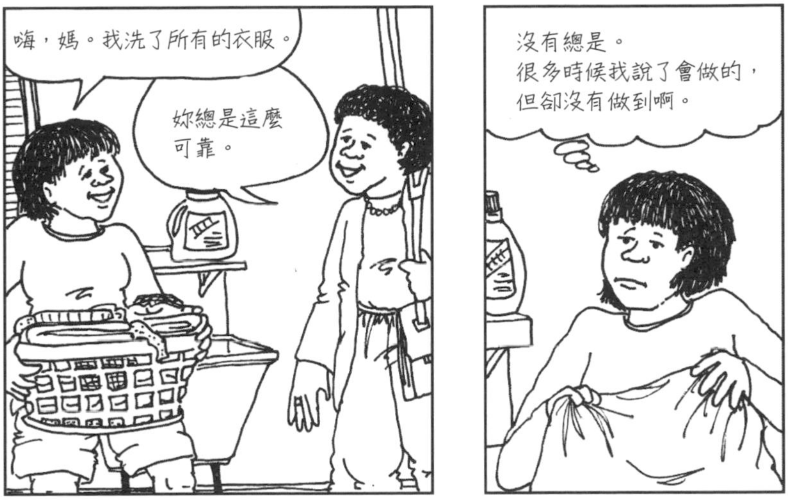

不如描述你看到的

評價可能會讓孩子感到不自在，但是一句對他們努力的感謝或讚賞永遠不會錯。

當讚美父母時

與其給予評價…

不如描述你的感受

人們往往對評價他們的讚美不領情，但較容易接受一句誠實、熱情的描述。

當讚美父母時

與其給予評價⋯

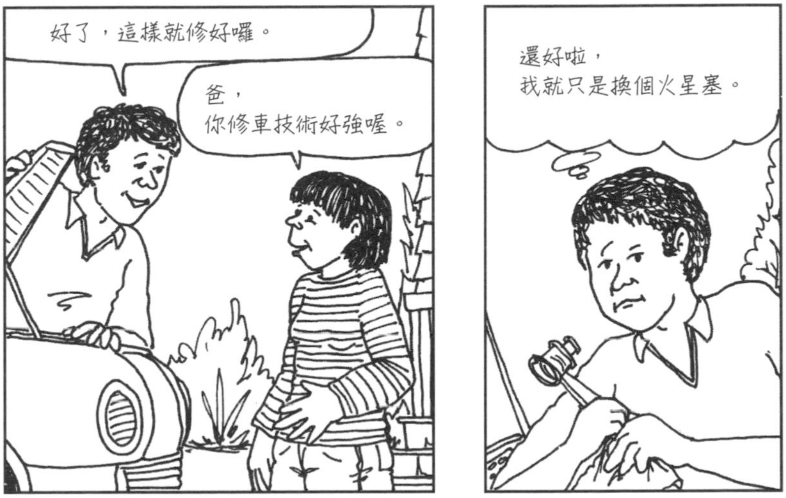

不如描述你看到的

描述的說法往往讓人更滿意自己已有的強項。

我注意到麥克一邊瀏覽插圖，一邊點頭。

我問：「你在想什麼，麥克？」

「我在想之前我會認為任何一種讚美都好過沒有讚美。一直以來我都認為人們應該彼此讚美，支持這種鼓勵方法，這下才明白，原來讚美也有不同的方式。」

凱倫高舉她的插圖宣布：「而且是更好的方式！現在我了解為什麼當我告訴孩子們他們多麼『優秀』或『了不起』時，他們會感到不舒服了。那樣說會把他們逼瘋。所以現在我必須記住——描述，描述！！」

保羅從教室後面大聲喊：「沒錯。別拿出裝腔作勢的的詞藻，直接說出你欣賞的部分。」

我利用保羅的評論，繼續發言：「就讓我們所有人在現場來發揮吧，回到真實家人身上試試。花點時間想一件關於父母或孩子做過讓你們欣賞的事，想好了就先寫下來，想想怎麼說才能讓對方知道，你欣賞或感謝的點是什麼呢？」

一陣緊張的笑聲傳來。父母和孩子先看向彼此再移開視線，然後低頭看著自己的紙張。當每個人都寫完後，我請他們交換紙張。

我安靜地看著大家展露微笑、眼眶泛淚然後擁抱彼此，這一幕十分甜蜜。我偶然會聽到「我沒想過你有注意到」……「謝謝你，那真的讓我開心」……「我很高興可以幫到你」……「我也愛你」。

此時，警衛將頭探進教室。我用嘴型示意：「快好了。」我對著團體說：「親愛的家長和學生，我們最後一次的課程已經到了尾聲。今晚我們探討了如何用有益而非傷害的方式向對方表達我們的不愉快。此外，我們也學習了表達我們感激的方式，這樣家中的每個成員都可以感覺被重視和有價值。」

「說到感激，我想讓你們所有人知道，這幾個星期以來與你們合作為我帶來了很大的快樂。對我而言，你們的評論、見解、建議，以及願意探索和實踐新的想法使這次的工作坊變成了一次非常愉悅的經驗。」

全部的人都鼓掌。我以為大家接著就會離開，但是他們沒有。他們四處徘徊，與人交談，然後以家庭為單位排隊向我道別。他們希望我知道，這幾次夜間課程對他們來說很重要且很有意義，孩子們也和父母一樣和我握手並感謝我。

當全部的人都離開後，我陷入沉思。今日的媒體幾乎把父母和青少年的所有大小事都描繪成敵對關係。然而，今晚在這裡我目睹了非常不一樣的狀態，父母和青少年是夥伴關係。兩代人都願意學習並使用技巧；兩代人都高興有一起交談的機會，快樂的與彼此連結。

此時，門被打開了。「噢，我們好高興你還沒有離開！」是蘿拉和凱倫。「我們想問你，下週三我們可不可以再聚會一次——只有父母參加？」

我猶豫了。我原本沒打算繼續。

「因為我們剛才在停車場聊一些孩子們目前正在發生的事情，但是我們認為有他們在場時不適合提出來。」

「還有你不必擔心要聯絡大家，由我們來負責。」

「我們知道這個請求很臨時，而且有些人已經說了他們無法參加，但是再會面一次真的很重要。」

「所以你可以再來一次嗎？我們知道你非常忙碌，但是如果你有時間……」

我看著她們焦慮的臉龐，腦裡重新安排了我的行事曆。

我回答：「我會挪出時間。」

表達你的惱怒

對你的青少年

與其指責或罵人：「是哪個金魚腦的人離開家的時候忘了鎖門?!」

不如

※**說出你的感受：**「光想到我們不在家時誰都可以闖入我們家，就讓我焦慮。」

※**說出你喜歡和／或期待什麼：**「我希望最後離開家的那個人要確定門有鎖上。」

對你的父母

與其責備或指責：「為什麼你總是在我朋友面前罵我？其他人的父母都不會這樣做！」

不如

※**說出你的感受：**「我不喜歡在朋友面前被罵，這樣很丟臉。」

※**說出你喜歡和／或期待什麼：**「如果我做了什麼令你感到困擾的事，只要說一句『我需要和你談一下』，然後私底下告訴我。」

快速提醒

表達感謝

對你的青少年

與其給予評價：「你做事很負責！」

不如

※**描述她做了什麼：**「即使你在排練中受到很大壓力，但是當你知道自己會晚回家時，還是打了通電話。」

※**描述你的感受：**「那一通電話讓我少操了很多心。謝謝你！」

對你的父母

與其給予評價：「爸，做得好。」

不如

※**描述他做了什麼：**「老天，你在週六花了半天的時間幫我裝好那個籃框。」

※**描述你的感受：**「我真的很感謝。」

第八步
處理性與毒品

今晚的團體比較小。小到足以讓我們轉移陣地到圖書館，舒服的圍繞一個會議桌坐著談。幾個人開始談論起上週的會面，述說著他們是多麼高興，與家人間的關係又改善了多少。自從那天起，每當說出一些舊習慣的負面話語，他們與孩子都會立刻發現，然後會有自覺的笑著說：「重來一次！」讓對話重新開始。此外，即使新的語言聽起來有點笨拙或陌生，他們仍然感覺良好。

凱倫試著耐心聆聽，但是我看得出她快要無法克制自己了。當大家的對話告一段落，她就脫口說道：「我很抱歉這麼潑冷水，更抱歉提出這個主題，但是我仍然對史黛西上週去參加的一個派對發生的事情感到心煩。」她停了一下，然後深吸一口氣。「我聽說她班上的一個女孩為幾個男孩口交。我不是個老古板，我也不認為自己天真。我知道所有我仍是孩子時沒有聽過，但現在的青少年會做的事情。但是這裡講的是十二和十三歲欸！在我們的社區！在一個生日派對上！」

會議桌上的所有人都想要針對此主題發表意見：

「很難相信，不是嗎？但是根據我最近讀到的，這種行為發生在各個地方，年齡層甚至包含更小的孩子。而且不只發生在派對上，學校廁所、公車以及家裡（父母上班不在家時）都是孩子們進行口交的地點。」

「我感到如此困擾的原因是孩子們甚至認為這沒什麼大不了。口交對他們而言如同我們對於晚安吻的概念。他們甚至不認為這是一種性行為，畢竟這不是性交，所以當事人仍然是處子。而且又不會懷孕，所以他們認為口交很安全。」

「口交並不安全，這才是讓我如此害怕的原因。我哥是一名醫生，他告訴我孩子們可以透過口交得到一些與性交相同的疾病，像是口腔皰疹或喉嚨的淋病。他說唯一的保護是使用保險套，但就算使用了也不能保證百分之百安全。一個男孩的陰囊上如果存在生殖器疣或病灶，那保險套將沒有作用，因為無法包覆到那片區域。」

「光聽我就覺得不舒服了。整個情況就像一場惡夢。對我而言，唯一可靠的保護就是絕對不要口交。」

「沒錯，但事實是今天我們生活在不同的世界，根據我所聽到的，這是只有女孩替男孩做的事，有些女孩甚至在公開場合這樣做。」

「我也聽過。很明顯地，那些女孩為了受歡迎而有『表演』的壓力。她們沒有意識到這些流言會四處傳播，而女孩會得到一個『廉價』或『蕩婦』的名聲。」

「反而當事者男孩的名聲會有所提升，有可以自誇的機會。」

「不管男孩、女孩我都擔心。他們在那之後對自己會有什麼感覺——比方隔天在走廊看到彼此的時候？而且，現在就從事這種性行為——這是一種性，只要涉及性器官就是——會如何影響他們未來的男女關係呢？」

隨著一人一句的發言，凱倫變得更加焦慮。她說：「好了，好了。所以這是一種普遍且很多孩子感興趣的事情，但是我該怎麼辦呢？我無法忽略這件事。我知道我必須跟史黛西談談派對上發生的事，可是我甚至不知道從何開始。事實是，我連跟她提到這個主題都覺得很尷尬。」

沉默了一段很長的時間，大家茫然看著對方然後看向我。這真的不是個容易解決的問題，我說：

「我只能很篤定這事，千萬別說：『史黛西，我知道上週你去參加的派對發生的所有事，我很震驚和反感，那是我聽過最噁心的事情！那裡只有一個女孩替男孩們做『那件事』嗎？你確定？有沒有人要求你做？你有做嗎？不要騙我！』」

「如果你能說服自己保持冷靜，不表現出反感、逼問的情緒，以中立的語氣和概括的提問（非針對個人）去溝通，那麼比較可能會得到有建設性的談話。例如：『史黛西，我剛聽到某件事情，讓我很驚訝，我想要問一問你，有人告訴我孩子們的派對上會發生口交的行為——你上週參加的那個派對也有。』」

「無論她承認還是否認，你都可以繼續這段對話——再次強調，你得維持無偏見的語氣：『自從我聽到後，我就一直在想女孩做這件事是不是因為感受到來自男孩的壓力呢？還是她們認為這樣會使自己受歡迎？我也在想如果一個女孩拒絕的話，會發生什麼事。』」

「等到史黛西把她認為說得出口的事情全部告訴你後，你可以表達你的觀點。不過因為這個主題對家長來說很困難，你可能需要事先花點時間去決定你想要和孩子溝通哪些內容。」

凱倫難過的說：「我知道我想要討論什麼。只是我不認為她聽得懂。」

蘿拉看起來很困惑。「她不能聽懂什麼？」

「我覺得一個人利用另一個人來滿足自己的性衝動，或者只是為了受歡迎而去『服務』其他人都是錯的觀念。對我而言，這樣有損人格，而且是不尊重自己的表現，不論男孩女孩都一樣。」

蘿拉說：「我覺得聽起來還好，為什麼你不能這樣對史黛西說？」

凱倫嘆口氣說：「要我說是可以，但是我了解我的女兒，她可能會說我過於緊張和老古板，根本不『明白』他們，還有今天的孩子不認為那樣做有什麼大不了，就只是他們在一些派對中會做的事情。所以我該怎麼回應呢？」

我說：「你可以從承認她的觀點開始：『所以對你和許多你認識的孩子來說這不值得大驚小怪。』然後你可以繼續分享你的成人觀點：『就我來說，口交是一種非常私人和親密的行為，不是一種派對遊戲；不是某種你為了樂趣而去從事的事情。而且，我就是會想到多少參與其中的孩子事後會感覺糟糕，希望自己從沒這樣做過。』無論史黛西接著說什麼，你都已經給予她一些方向去思考。至少，她知道她母親的立場為何。」

「對極了！」麥克說。「而且當你在說的時候，也應該順便讓史黛西知道健康方面的風險，關於經由口交或任何形式的性行為可能感染的性傳播疾病，她需要了解其中有些疾病可以治癒，有些卻不能，有些甚至會造成生命威脅，所以不是可以開玩笑的小事。」

蘿拉搖搖頭：「這些話說的對象若是我的孩子，現在她已經用手摀住耳朵了。她根本無法忍受，聽我一直講一直講可能會得到的可怕疾病。」

麥克大聲說：「但我們是為人父母！無論孩子喜不喜歡，為了讓他們懂得保護自己，我們需要告訴他們這些性方面的知識。」

蘿拉看起來很苦惱。她承認：「我知道你說得對，其實是我害怕跟女兒談這種『重大』話題。」

我說：「你不是唯一害怕的父母，『重大』話題對父母和孩子雙方都很尷尬。而且，性的主題太重要又太複雜，想要在一次談話中就處理完畢是不可能的。相反地，你可以留意任何可以引領到相關話題的機會。例如：當你們一起看電視節目或聽廣播新聞，或閱讀雜誌文章時，利用你看到或聽到的資訊去進行對話。」

我的建議立刻引發了回應，顯然好幾個人都已經對他們的孩子使用過這種方式進行交談。以下是一些家長分享給團體的插圖範例。

與其一次解決「重大」話題……

父母很難一次把和性有關的訊息講完，而孩子也很難認真聆聽。

不如找機會來談「小」話題

聽廣播

閱讀報紙

一起觀看情境喜劇

開車時

喬安舉起手。「我媽絕對絕對不會對我提起任何這類的話題。她會害羞得不得了。不過我媽確實做了一件事，在我十二歲左右時，她給了我一本關於『生命的事實』的書。我假裝自己沒有興趣，但是其實我從頭到尾都讀完了。後來只要我的女生朋友來家裡，我們就會關起房門，拿出『那本書』再閱讀一次，並且開裡面所有圖片的玩笑。」

吉姆說：「我喜歡用書交談是因為書賦予孩子一點隱私——可以瀏覽資料卻不會受到監視的機會。但是沒有任何一本書可以取代父母，孩子會想知道他們的父母怎麼想以及他們的父母對他們有什麼期望。」

蘿拉說：「這就是令我擔憂的部分。我是指『期望』，如果和孩子討論性並且給予他們附有圖案的相關書籍，難道他們不會以為你期望他們去試驗，還得到了你的許可嗎？」

麥克說：「完全不會。只要你明確表示我們在提供他們資訊而非准許。此外，對我來說，如果我們不給予孩子一些基本的事實，就好像置他們於風險之中。如果我們相信保護孩子，就是給予他們應該知道的事實，唯一可以確保他們安全無虞的知識取得方式，其實是要透過我們提供資訊。」

麥克暫停了一下，他在腦中搜尋一個例子。「例如：有多少男孩知道如何安全的使用保險套呢——如何確實戴好和脫掉？還有多少人清楚自己必須檢查包裝上的有效日期呢？因為一個乾燥的保險套如同沒有戴一樣。」

蘿拉說：「哇，連我也不知道……那我不禁懷疑有多少女孩懂得無論朋友告訴她們什麼，女孩在第一次性行為還是可能會懷孕——即使正值月經來潮期間。」

麥克大力地點頭，並說：「那正是我所指的。其他還有一些要擔心的，我敢說大部分的孩子並不會想到即使他們只與單一伴侶發生過關係，但是對方卻可能與其他多人發生過關係，所以誰會知道這條途徑會傳染上什麼疾病呢？」

湯尼皺眉：「你剛才說的每件事都非常重要，都是對的。你必須告訴你的孩子有關的危險。但是你難道不該告訴他們關於性的美好部分嗎？性也是正常、自然的……一種生活的樂趣。我們不都是因為它才來到世界上的嗎？」

當大笑聲停止後，我說：「儘管如此，湯尼，那些『正常、自然』的感覺有時候會征服我們的孩子，對他們的判斷力造成破壞。今日的青少年處在極大的壓力之下。這些壓力不僅來自他們的荷爾蒙和同儕，還有來自具性暗示的流行文化，這種文化以明顯、色情的影像出現在電視、電影、MV和網路上不斷地轟炸他們。」

「所以為了表現出他們曾經看過或聽過的事情，孩子們想要體驗是正常的。而且我們想要傳達出性是『一種生活的樂趣』也是正確的。然而，我們同時必須幫助青少年看清楚界線，必須分享成人的價值觀並且提供他們一些可以依循的指引。」

湯尼問：「例如呢？」

我想了一會兒。「這個嘛……例如我認為年輕人應該被告知永遠不要允許任何人強迫他們從事與性有關、令他們感覺不舒服的行為。他們不必對此感到不愉快，但是他們可以讓對方知道自己的感受，只要懂得說出：『我不想要做這件事。』」

蘿拉大聲附和：「我完全同意。而且任何人不尊重這一點，就不應該再次和他出去……而且我也認為孩子們要了解性不應該是某件你認為因為別人都做過，你就必須嘗試的事情，你必須做對你而言正確的選擇。況且，誰知道實情是什麼呢？有些孩子可能的確有過性經驗，但是我敢打賭很多根本沒有，只是謊稱自己有過。」

喬安補充：「而且談到『對你而言正確的選擇』，在孩子們想要把身心交給另一個人之前，他們應該問問自己一些嚴肅的問題，像是：『這個人真的關心我嗎？』……『這是我可以信任的人嗎？』……『跟這個人在一起時我可以做自己嗎？』」

凱倫說：「對我來說，孩子應該從父母那裡得到的主要訊息應該是『慢一點，沒有必要著急』。我認為在他們還如此年輕時就從事性行為、跟人親熱，管他們今天怎麼稱呼，都是一個大錯誤。」

喬安呼喊：「我完全同意！這幾年應該是他們專注於學習及參與不同種類的活動——運動、嗜好、社團——還有從事社區自願工作的時候，不該因為涉入性關係使自己的生活變複雜。我知道他們不希望從我們這裡聽到這些話，但是我們仍然應該告訴他們有些事值得等待。」

麥克點出：「但是總有些孩子不願意等。如果是這樣，如果他們執意『要經歷』，他們的父母應該要直話直說。若是我就會明白說出我的看法。我會說他們應該要和自己的伴侶認真討論過，一起決定雙方各自會使用哪種避孕方式，然後兩邊都要與醫生確認避孕方式可不可行。我的意思是，如果青少年認為自己已經大到可以發生性行為，那麼他們就必須得表現得像個成人，意思是要去考慮後果和承擔責任。」

吉姆點點頭。「老天，麥克，真的就是你說得那樣。此外你剛才說的所有事情適用於每個孩子——無論他們是異性戀還是同性戀。」

突然間一陣沉默，有些人看起來神情不太自然。

我說：「我很開心你提到這一點，吉姆。我們必須承認年輕人是同性戀的可能性，而麥克剛才建議的所有預防措施也都適用於他們。」

吉姆看起來有些遲疑，他吐露：「我會提到這一點是因為想到了我的外甥。他剛滿十六歲，幾週前他跟我吐露自己是同性戀。會告訴我的原因是因為他很確定我可以接受這件事，卻又很擔心他的父母會有其他反應。他似乎很久之前就想跟父母坦白，但是卻又害怕他們無法接受。他比較不擔心媽媽的反應，但是他不知道如果爸爸知道了會怎麼樣。」

「關於可能的結果，我們談了很長一段時間，然後在某個時刻他說：『吉姆舅舅，我一定要跟他們說。』」

「然後他真的跟他們坦白了。他說最初他們都顯得非常震驚，他的父親希望他去看一位治療師，他的母親則試著消除他的想法。她解釋對青少年來說偶爾感覺受到同性吸引是件尋常的事，可能只是個過渡期。」

「然後他告訴她這不是個過渡期，長久以來他都有這種感覺，而他希望他們能夠理解。他們起初必定難以接受這項消息，但是慢慢的似乎也改變了想法。最後他爸爸的反應令他非常驚訝。他爸爸說無論如何他永遠是他的兒子，而且他們永遠會愛他和支持他。」

「我可以告訴你們，這對一個年輕人來說是多大的寬慰，我這個舅舅也終於放下了一顆忐忑不安的心。如果他的媽媽或爸爸拒絕接受這個事實，我不知道事情將會變得如何。我讀過太多關於孩子們因為父母拒絕承認他們是同性戀而罹患重度憂鬱症，甚至自殺的故事。」

我說：「你的外甥很幸運。向父母坦白自己是個同性戀對所有青少年來說都不是件容易的事。但是如果我們可以接受孩子真實的自我，就等同給予了他們最棒的禮物——做自己的力量與開始面對外在偏見的勇氣。」

又是另一段長時間的沉默。喬安慢慢地說：「還有另一件事。無論我們的孩子是同性戀還是異性戀，他們全都必須了解一旦在一段關係中加入了性，那這段關係就再也不同了。每件事都會變得更複雜。所有感受會變得更強烈。如果任何事出了錯，如果分手了——青少年時常發生——對他們而言可能是毀滅性的災難。」

「我還記得我高中時最好的朋友發生過的事情。她瘋狂喜歡上一個男孩，說服自己與他發生性關係，而在他為了另一個女孩甩了她之後，她就心碎了。她的成績退步，她吃不下、睡不著、無法念書也無法長時間專注在任何事情上面。」

吉姆舉起雙手，說出：「聽完所有這些，我開始認為禁慾有必要。畢竟這是唯一百分百安全的辦法。我知道有些人會說孩子們現在更早進入青春期，然後更晚結婚，所以期望他們禁慾這麼多年是不切實際的，但是禁慾不表示他們無法靠近彼此。他們仍然可以握手、擁抱、親吻，或甚至進行到我們所謂的一壘。那樣是可以的……我是說對每個人都可以，除了我的女兒以外。」

大家露出笑容。蘿拉看起來有點困擾：「我們坐在這邊替孩子決定他們可以或不可以做什麼很容易，但是我們根本無法二十四小時跟在他們身邊，而且不論我們說了什麼，誰能保證他們就會聽呢？」

我說：「蘿拉，你說的沒錯。我們無法保證。不論父母說了什麼，有些孩子就是會測試底線，有些則會超越那條界線。儘管如此，你們過去幾個月實行的所有技巧都會大大提高孩子們將你們的話聽進去的機會。但更重要的是，他們將會擁有傾聽自己和替自己設定界線的自信。」

湯尼大聲地說：「但願如此！我非常非常希望你剛才說的也適用於毒品，因為我對我兒子現在交的朋友有點擔心。他們的名聲不是很好——其中一人曾因為嗑藥被停學——我不希望兒子受他影響。我是說如果他們試圖要他嗑藥，我希望知道可以儘早做些什麼來預防，像是可以跟他說些什麼？」

我問：「你想說什麼？」

「說我父親跟我說的話。」

「是什麼呢？」

「如果他抓到我嗑藥的話，他會打斷我的每根骨頭。」

「那有阻止你嗎？」

「沒有，我只是確保他絕對不會逮到我。」

我大笑出聲：「那至少你知道什麼不要說。」

蘿拉插入對話：「那如果你告訴他：『聽好，假如有人試圖說服你嗑藥，就說不要！』這樣如何？」

湯尼帶著尋求意見的眼神看著我。

我回答：「這個方法的問題在於單獨一句話是不夠用的。孩子們需要知道得更多，而不是只教『說不要』，今日他們生活的巨大壓力教他們要說『好』，身處在流行文化充斥毒品訊息、毒品可輕易取得，以及同儕慫恿等等環境下，真的很難拒絕這些：『你一定要試試這個』……『相信我，你會喜歡』……『這個東西真的很棒』……『它會讓你感覺超～好！』……『幫助你放鬆』……『嘿，別當個懦夫』。」

「光這些還不夠，科學家們現在證實就算青少年的生理已經成熟，但是他們的腦仍然在持續建構，而控制衝動和行使判斷力的部分是大腦最後才發展完成的區域。」

蘿拉說：「那樣真可怕。」

我同意：「的確，但是好消息是，家長的力量其實比你們意識到的還偉大。孩子們相當在意你們的想法，他們可能不會時常顯現出來，但你們的價值觀與信念對他們而言非常重要，而且可以成為他們接觸或避免毒品、酒精的決定性因素。舉例來說：湯尼，你可以告訴兒子：『我非常希望你的朋友不要再碰毒品了。他是一個好孩子，我不想看到他今天嗑了藥搞砸自己的未來。』」

「此外，不僅是我們的言教可以使孩子持續遠離危險的行為，我們的身教也有相同的功用。讓孩子看到我們做什麼或不做什麼，對他們而言非常的重要。」

喬安評論：「這就說到重點了。我父親有一次罰我禁足在家，因為他發現我在一個派對上喝了一點酒。然而我每晚都看到他在晚餐前喝雞尾酒，晚餐後又喝啤酒，所以我才會認為喝酒對他及對我而言都是沒關係的。」

蘿拉說：「至少你的父親知道你發生了什麼事，而且試著做個盡責的爸爸。今天很多父母根本一無所知，他們以為如果孩子看起來乖乖的，那麼一切都沒問題。但是誰也無法確定。我最近讀到一篇文章，內容講述一群家庭富裕的青少年，個個名列校園榮譽榜上，參與大小競賽團隊，但是每個週末卻都聚在一起狂飲，他們的父母完全不知情，直到幾個人最後進了醫院，其中一個還差點死亡。」

我說：「這則故事是個警鐘。今日許多社區都出現狂飲現象，這是父母最擔心的事，尤其我們現在知道青少年飲酒比我們以前所認知的還具危險性。近來的研究全都顯示青少年的大腦處於一個關鍵的發展階段，酒精會摧毀腦細胞，導致神經損傷、記憶喪失、學習問題以及造成年輕人整體的健康風險，還有新的證據指出孩子愈早開始飲酒，他們成人時酗酒的機率也愈大。」

湯尼說：「太好了！既然我們現在都明白事情的嚴重性，問題是該如何把這些觀念灌輸到我們駑鈍孩子的腦中呢？他們總認為事情絕對不會發生在自己身上，他們會跑到一場派對上跟別人比賽喝酒，看誰在嘔吐或暈過去前喝了最多。」

我說：「這就是為什麼當我們與孩子談話時，必須說得非常清楚明白：『**大量飲酒會死人。一次喝進大量的酒精可能導致酒精中毒，而酒精中毒就會造成昏迷或死亡，這是一項醫學事實。**』」

喬安雙手抱頭，哀號說：「聽了這些資訊讓我太頭疼，酒精本身就夠慘了，我讀到的很多篇文章都說酗酒的青少年同時也會吸毒。而且現在外頭有那麼多我從來聽都沒聽過的新毒品，已經不只是大麻或古柯鹼或迷幻藥了。現在還有搖頭丸，以及……」

大家很快更新喬安的毒品清單：「……和 roofies，也就是約會強暴丸。」

「還有一種稱作K他命或『Special K』。」

「那安非他命呢？它應該比古柯鹼更容易讓人上癮。」

「我聽說有某種新的藥，孩子們吸入會變得亢奮，稱作 poppers 或液體黃金。」

湯尼邊說邊搖頭：「老天，竟然有這麼多要知道的東西。」

我說：「這麼多毒品似乎讓人不知所措，但是所有資訊取得不難——從書籍、雜誌和網路，你們可以打到藥物濫用專線，詢問他們目前宣導的手冊；你們可以透過社區其他家長，從中打聽目前大家知道的訊息。此外，你們在家時可以問問兒子，看他知不知道學校中有哪些孩子現在在吸毒。」

湯尼說：「哇，看來我有項艱鉅的任務要做。」

我說：「家有青少年的父母們都有著艱鉅的任務。我們所有人都需要讓孩子清楚知道他們的媽媽和爸爸都消息靈通、參與其中並且有所準備，會好好保護他們的孩子。」

「再次重申，一次性的說教不會有效果。孩子們需要以不同的方式在不同的時間點聽到你們對於毒品的想法。他們需要足夠的自在感才能問你問題、回答你的問題和探索自己的想法與感覺。」

「所以……準備迎接我們最終的挑戰吧！我們如何利用一天當中的微小機會，讓我們的孩子加入有關毒品的對話呢？你們可以想像與孩子進行什麼樣的對話嗎？」

經過多次來回的討論後，家長們預想了以下的情節。

利用微小機會來談論毒品

閱讀報紙

觀看廣告

對注意到的事提出觀點

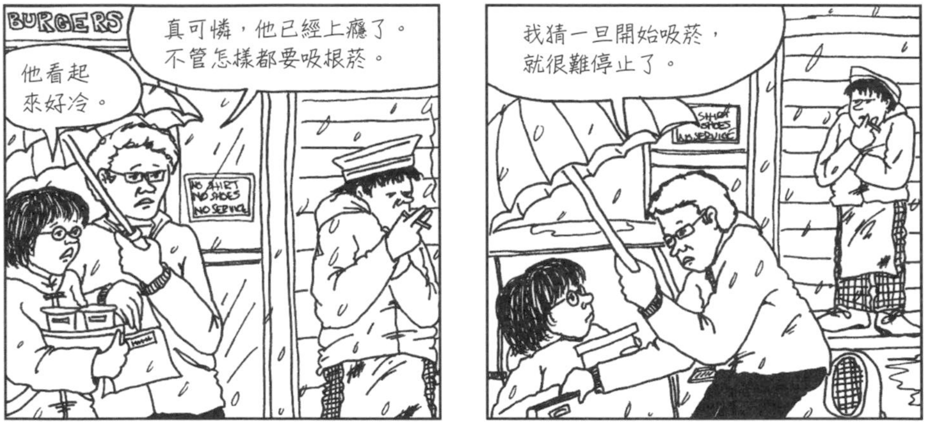

看一本雜誌

以身作則，建立榜樣

評論一則廣播

在我們討論最後一個例子時，蘿拉舉起手：「到目前為止，我們都在討論如何引導我們的孩子遠離毒品。但是如果一個孩子已經在吸毒了呢？我是說如果已經太晚了呢？」

我說：「發揮為人父母的力量永遠不會遲，即使孩子試毒只是當作一次『實驗』，也不能輕忽。你必須跟孩子面對面，重述吸毒的風險，重申父母的觀念與期待。」

「倘若懷疑青少年孩子已經在使用毒品，從他們的行為、成績、外表、態度、朋友、睡眠模式或飲食習慣的改變，發現已經染毒的跡象，就需要採取行動：讓孩子知道父母已經注意到的事、聆聽孩子的說詞、盡量掌握實際發生的狀況、與地方或國家藥物濫用機構聯繫以取得更多訊息、跟你的醫生諮詢、訪查自家社區是否提供相關專業的諮詢及治療服務。換句話說，要尋求協助，這種事無法獨自處理。」

蘿拉嘆氣道：「我希望可以永遠不必到尋求協助的地步。也許我會走運，孩子沒有變壞。」

我說：「蘿拉，你不僅可以仰賴運氣，你還擁有技巧。更重要的是，你肯去相信這些溝通技巧，在場的所有人都是。過去幾個月你們在與孩子的溝通方式上做了許多改變。所有這些改變——無論大小——都可以讓你們與孩子之間的關係變得截然不同。」

「透過回應青少年孩子的感受、共同解決問題、鼓勵他們達成他們的目標和實踐他們的夢想，你們會讓孩子們知道父母每天有多麼尊重、疼愛和重視他們。所以被父母看重的年輕人比較懂得尊重自己，比較會做出負責任的選擇，而且較不容易從事會損害自己最大利益或危害自己未來的行為。」

現場安靜無聲。這次的會面時間很長，大家似乎還不想要離開。

蘿拉嘆息說：「我會很懷念這些課程，不僅僅是因為學到技巧，還有我在這裡得到那麼多支持。」她雙眼泛出淚光：「而且我也會想念在這裡聽到每個孩子的故事。」

凱倫起身抱了抱她，麥克也過來給予擁抱。

喬安說：「我最懷念的，會是知道有問題發生時，有人可以在這裡聽我說話，跟我討論。」

吉姆悲傷的表示：「而且我們大家都知道青少年永遠都有新的問題，所以有個地方可以聊聊並且從有相同處境的人們身上得到一些回饋真的很棒。」

湯尼說：「嘿，誰說我們必須結束？不如我們繼續會面——不用每週，可能每個月或每兩個月一次怎麼樣？」

湯尼的建議立刻引發熱烈的回響。

每個人都以期盼的眼神看著我。

我思考了一下。這些父母的願望正是我希望家中有青少年的父母應該擁有的——持續的支持體系，因為不再感到孤立而安心，對能夠了解你的人吐露心聲而得到寬慰，從交換意見及預見可能的解決方案而得到希望，以及與他人分享微小勝利的喜悅。

我對著團體說：「如果這是你們所有人的希望，只要通知我，我就會出現。」

快速提醒

性與毒品

與其給孩子一場大演說（說出「我知道你認為自己對性與毒品的所有事已經很了解，但是我覺得是時候來好好談一談。」）

不如尋找小機會來進行對話

※**聽廣播**：「你認為剛才心理師說的是對的嗎？孩子們在拒絕毒品上有困難是因為他們不想跟大家格格不入或失去朋友嗎？」

※**看電視**：「所以根據這則廣告，女孩想要吸引男生喜歡她，就只要擦上對的顏色口紅囉？」

※**閱讀一本雜誌**：「你認為這句話說得對不對？這裡說：『有時候孩子吸食毒品只是為了要讓感覺變好，但是之後他們不得不吸毒——只是為了要讓自己感覺正常。』」

※**觀看電影**：「最後那一幕符合現實嗎？兩個剛認識的青少年會馬上就發生關係嗎？」

※**閱讀報紙**：「你有空時，看看這篇關於青少年與狂飲的文章吧。我很想知道你有什麼想法。」

※**聽音樂**：「你對這些歌詞有什麼感覺？你會不會覺得這可能影響男生對待女生的方式？」

下次的會面

幾天後，我發現自己一次又一次想到那個團體

我們共同經歷了一段很長的旅程。最初每個人的心中有不同的期盼、不同的恐懼及不同的目的地。然而，無論參加這個工作坊的最初理由為何，他們都很滿意看到自己學到新技巧，改善了與孩子的關係，他們的孩子也表現得更負責任。這些成就令我們所有人都感到欣慰！

不過我很高興我們有再度相見的機會，這樣一來給了我機會與父母分享在我心中愈來愈清晰的想法——關於這場大家共同努力成果的完整全貌。

下一次我將告訴他們，如果說「孩子是在生活中學習」這句是真的，那麼他們的孩子過去幾個月來生活和學習到的，便是關愛溝通的最基本原則。每日平凡的家庭生活中，他們的青少年正學習到：

- **感覺的重要：**不光是自己的感覺，還包括那些與你感受相左的人。
- **禮貌的重要：**可以不帶侮辱的表達憤怒。
- **話語的重要：**你選擇說的字句，可以帶來怨恨或帶出善意。
- **在一段充滿關愛的關係中，處罰沒有立足之地：**我們都是人——所以會犯錯，但是也有能力面對自己的錯誤並進行修正。

- **我們之間的差異並不能擊敗我們：**看似無法解決的問題可以引導出尊重他人的聆聽、創造力和毅力。
- **我們每個人都需要感覺到被重視：**不光是重視現在的我們，還有未來會成為的我們。

下次當我們見面時，我會告訴家長們每一天都提供了新的機會；每一天他們都有機會示範態度和話語，這些態度和話語可以為他們現在與未來的孩子帶來幫助。

我們的孩子是我們明日的禮物。他們今天在家中經歷的一切將賦予他們能力，向世界傳達在家中所承襲到的表現人類尊嚴及人性的方式。

這些就是我下一次想要與家長們說的話。

其他可能會有幫助的（英文）書籍

- Elkind, David, PhD. *Parenting Your Teenager in the 1990s: PracticalInformation and Advice About Adolescent Development and Contemporary Issues.* Cambridge, MA: Modern Learning Press, 1993. 埃爾金德（Elkind）博士解決青少年與父母持續十年的諸多問題，以一種給予支持又易讀的方式提供見解和建議。
- Faber, Adele, and Elaine Mazlish. *How to Talk So Kids Will Listen and Listen So Kids Will Talk*, revised edition. New York: HarperCollins, 2004. 推薦此書有兩個原因：1. 培養孩子自立的章節——如何幫助孩子成為一獨立的個體，自主運作一天的生活——此與青少年生活尤其相關。2. 避免讓孩子陷入一個特定（例如懶惰、抱怨、公主病和雜亂無章）角色的章節，也適用於青少年。幫助一個年輕人以不同的方式看待自己並知道發揮自己的潛力永遠不嫌晚。
- Faber, Adele, and Elaine Mazlish. *How to Talk So Kids Can Learn: At Home and in School.* New York: Rawson Associates, 1995. 描述激發學生思考、學習、堅持和相信自己的溝通方式。
- Giannetti, Charlene, and Margaret Sagarese. The Roller-Coaster Years: Raising Your Child Through the Maddening Yet Magical Middle School Years. New York: Broadway Books, 1997. 一本生動實用的書，解決大多數中學生及其父母受影響的廣泛問題。

- Hersch, Patricia. *A Tribe Apart: A Journey into the Heart of American Adolescence*. New York: Ballantine Books, 1998. 一位才華洋溢的記者帶你深入了解八位不同少年的世界，並揭露青少年時期塑造出他們人格和特質的熱情與壓力。
- Lopez, Ralph, MD. *The Teen Health Book: A Parents' Guide to Adolescent Health and Well-being*. New York: W. W. Norton & Co., 2002. 以清晰且親切的風格編寫，解決青少年的生理及情感問題。
- McGraw, Jay. Closing the Gap: A Strategy for Bringing Parents and Teens Together. New York: Fireside/Simon & Schuster, 2001. 從一位年輕大學生的個人角度為父母和青少年提供建議。
- Pipher, Mary, PhD. *Reviving Ophelia: Saving the Lives of Adolescent Girls*. New York: Ballantine Books, 1995. 了解當前文化對我們女兒的傷害，以及如何幫助女兒的明智策略。
- Pollack, William, PhD. *Real Boys: Rescuing Our Sons from the Myths of Boyhood*. New York: Owl Books, Henry Holt and Company, 1999.《Real Boys》是《Reviving Ophelia》清楚說明性別刻板印像會如何傷害我們的兒子，並提供了許多關愛的替代選擇。
- Richardson, Justin, MD, and Schuster, Mark A., MD, PhD. *Everything You Never Wanted Your Kids to Know About Sex (But Were Afraid They'd Ask): The Secrets to Surviving Your Child's Sexual Development from Birth to the Teens*. New York: Three Rivers Press, 2003. 處理棘手話題時可提供健全、明智的建議。
- Sheras, Peter, PhD, with Sherill Tippins. *Your Child: Bully or Victim? Understanding and Ending Schoolyard Tyranny*. New York: Fireside/Simon & Schuster, 2002. 對霸凌的原因和影響進行了深入的探討，並提出

如何應對的建議。

- Taffel, Dr. Ron, with Melinda Blau. *The Second Family: Reckoning with Adolescent Power*. New York: St. Martin、s Press, 2001. 塔菲爾（Taffel）博士以堅定的方式看待同儕和當前的流行文化如何把父母排擠到青少年生活的邊緣。他推薦了多種方式來修補和加強世代之間的聯繫。
- Walsh, David, PhD. *Why Do They Act That Way?: A Survival Guide to the Adolescent Brain for You and Your Teen.* New York: Free Press, 2004. 沃爾什（Walsh）博士使用有關青少年大腦的最新研究以及他自身對於問題青少年的豐富經驗，為父母提供了寶貴的見解、資訊和指導方針。

了解更多

如果讀者有興趣進一步討論和練習本書的溝通技巧，歡迎上網 www.fabermazlish.com. 取得以下資訊：

- 給父母和專業人員的團體工作坊
- 個人工作坊
- 給父母和專業人員的書籍
- 給孩子的書籍
- 錄音與錄影帶
- 育兒問題的創造性解決方案
- 安戴爾和依蓮的時事通訊：Faber/Mazlish Forum
- 以及更多！

致謝

親愛的讀者們、我們的家人和朋友，因為他們在這個長期寫作過程中付出耐心與諒解，以及不會問我們「你們到底何時可以完成？」的體貼。

我們工作坊裡的家長，因為他們願意嘗試用新方法與家人溝通，並且將他們的經驗回饋給團隊。他們分享的故事對我們與其他人來說是一大鼓舞。

我們合作過的青少年們，因為他們願意告訴我們關於他們自己和他們世界中每件事。他們誠實的分享讓我們對他們在意的事有了寶貴的見解。

我們厲害的插畫家——金伯利·安·科埃，因為她將我們所有的腳本人設和台詞轉變為一系列有生命的角色，讓文字更栩栩如生。

我們的作家經紀人兼摯友——鮑伯·馬克爾（Bob Markel），因為他從一開始就對我們的計劃展現出熱情，以及在我們努力透過數不盡的草稿塑造出本書時，堅定地支持。

我們的編輯——珍妮佛·布蕾爾（Jennifer Brehl），她就像個「完美的父母」，相信我們並肯定我們，還會禮貌地指出我們可能可以讓哪個部分「好」變得「更好」，而她每次都是對的。

我們的導師——海姆·吉諾特博士。自從他去世後，這個世界有了劇烈的改變，但是關於他「為了達到人道目標，我們需要人道方法」的信念永遠都是正確的。

安戴爾．法伯
依蓮．馬茲麗許

高寶書版集團
gobooks.com.tw

FU 102
怎麼說，青少年會聽 VS. 如何聽，青少年願意說
八堂青春期溝通課，讓孩子敞開心胸、樂意合作、接受指引的對話技巧

作　　者　安戴爾．法伯、伊蓮．馬茲麗許
譯　　者　陳莉淋
特約編輯　梁曼嫻
助理編輯　陳柔含
封面設計　林政嘉
內頁排版　賴姵均
企　　劃　何嘉雯

發 行 人　朱凱蕾
出　　版　英屬維京群島商高寶國際有限公司台灣分公司
　　　　　Global Group Holdings, Ltd.
地　　址　台北市內湖區洲子街88號3樓
網　　址　gobooks.com.tw
電　　話　(02) 27992788
電　　郵　readers@gobooks.com.tw（讀者服務部）
　　　　　pr@gobooks.com.tw（公關諮詢部）
傳　　真　出版部　(02) 27990909　行銷部 (02) 27993088
郵政劃撥　19394552
戶　　名　英屬維京群島商高寶國際有限公司台灣分公司
發　　行　英屬維京群島商高寶國際有限公司台灣分公司
初版日期　2020 年 12 月

HOW TO TALK SO TEENS WILL LISTEN & LISTEN SO TEENS WILL TALK
by Adele Faber and Elaine Mazlish

國家圖書館出版品預行編目(CIP)資料

怎麼說,青少年會聽 VS. 如何聽,青少年願意說：八堂青春期溝通課，讓孩子敞開心胸、樂意合作、接受指引的對話技巧/ 安戴爾.法伯, 伊蓮.馬茲麗許著；陳莉淋譯. -- 初版. -- 臺北市：高寶國際出版：高寶國際發行, 2020.12
　面；　公分. -- (未來趨勢學習；FU 102)

譯自：How to talk so teens will listen & listen so teens will talk

ISBN 978-986-361-933-8(平裝)

1.親職教育　2.親子關係　3.青少年教育

528.2　　　109016418